Café com Lufe

—

Sua dose extra
de **boas energias**
para a vida

Lufe Gomes

Café com Lufe

—

Sua dose extra de **boas energias** para a vida

1ª reimpressão

GUTENBERG

Copyright © 2020 Lufe Gomes

Todos os direitos reservados pela Editora Gutenberg. Nenhuma parte desta publicação poderá ser reproduzida, seja por meios mecânicos, eletrônicos, seja via cópia xerográfica, sem a autorização prévia da Editora.

EDITORA RESPONSÁVEL
Flavia Lago

REVISÃO
Cecília Martins
Bruna Emanuele Fernandes
Samira Vilela

CAPA
Diogo Droschi
(sobre imagem de Alexandre Disaro)

DIAGRAMAÇÃO
Larissa Carvalho Mazzoni

Dados Internacionais de Catalogação na Publicação (CIP)
Câmara Brasileira do Livro, SP, Brasil

Gomes, Lufe
 Café com Lufe : sua dose extra de boas energias para a vida / Lufe Gomes. -- 1. ed., 1. reimp. -- São Paulo : Gutenberg, 2020.

 ISBN: 978-65-86553-17-8

 1. Autoajuda 2. Comportamento - Modificação 3. Conduta de vida 4. Desenvolvimento pessoal 5. Literatura brasileira 6. Mudança de atitude 7. Otimismo - Citações, máximas etc. 8. Reflexões I. Título.

20-35712 CDD-B869.9

Índices para catálogo sistemático:
1. Vida cotidiana : Reflexões : Literatura brasileira B869.9

Maria Alice Ferreira - Bibliotecária - CRB-8/7964

A **GUTENBERG** É UMA EDITORA DO **GRUPO AUTÊNTICA**

São Paulo
Av. Paulista, 2.073, Conjunto Nacional, Horsa I
23º andar . Conj. 2310-2312.
Cerqueira César . 01311-940 São Paulo . SP
Tel.: (55 11) 3034 4468
www.editoragutenberg.com.br

Belo Horizonte
Rua Carlos Turner, 420
Silveira . 31140-520
Belo Horizonte . MG
Tel.: (55 31) 3465 4500

SUMÁRIO

1. Outros ângulos 9
2. O que uma samambaia me ensinou 12
3. Trezentos anos de sabedoria 14
4. Vista para o mar 17
5. Você precisa encarar a realidade 19
6. Aquele aperto no peito 22
7. Sim 25
8. Não temos tempo para rascunho 28
9. A sorte escolheu você 32
10. Todo mundo pensa assim 36
11. Como encontrei minha profissão ideal 38
12. Fui parar no Hospital do Coração 41
13. Sem máscaras 45
14. O que mais aprendo com minha avó de 103 anos 48
15. Miniférias 51
16. A teoria do lavabo 56
17. Se tudo der certo 59
18. Muitas vidas em uma só 62
19. Tem tudo que você quiser, e tem muito 66
20. Encontro com meu "eu futuro" 70
21. Pedidor de abraços 74
22. Onde está você por todos os lados 77
23. Nívia 80

24	Qual impacto você causa?	83
25	Desvantagem em vantagem	86
26	Sua criança interior	90
27	Uma ótima anfitriã	93
28	Poderosa autocura	96
29	Sobre saber receber do universo	100
30	Em construção	103
31	Do outro lado do mundo	108
32	Isso pode te libertar	112
33	Já parou para pensar nisso?	115
34	Ativando a antena que tudo pode	119
35	Eliminando fronteiras	123
36	Hoje é um dia especial	127
37	Poder de realização	130
38	Se toca	133
39	O ideal de viver bem	137
40	Eu não volto mais	140
41	Quem é você?	143
42	Reativar energias	153
43	A tristeza me ensina	156
44	Alguém parecido com você	160
45	Confie que vai dar certo	162
46	Tudo que você consegue ser	171
47	As voltas que o mundo dá	175
48	Desconstrução construtiva	181
49	Casa-terapia	184
50	Naquele momento, eu estava lá	187

Oiê, tudo bem?
É quase sempre assim que começo meus vídeos no Life by Lufe, tanto no YouTube quanto no Instagram, onde tenho a oportunidade de compartilhar com as pessoas alguns dos meus aprendizados e vivências.

Não parece estranho ficar compartilhando aquilo que aprendemos com a vida?

Muito pelo contrário.

Percebo cada dia mais que os grandes segredos para uma existência mais plena e feliz estão nas mínimas atitudes que tomamos no dia a dia. Que a chave para expandir nossos caminhos está muito mais na forma como nos permitimos abrir a mente do que apenas no aprendizado de uma técnica específica ou em um novo aperfeiçoamento profissional.

Por isso, faz um tempo que decidi tomar café com você todos os dias e bater um papo sobre tudo aquilo que eu desejaria ter escutado antes... Minha jornada pessoal teria sido, sem dúvida, mais fácil!

Neste livro, tenho o prazer de te contar alguns desses ensinamentos com que a vida me presenteou e quero sugerir que você o leia devagar, medite, leia um texto por vez, aleatoriamente ou de acordo com a sua vontade, e respire durante e ao final de cada leitura, respeitando o seu tempo.

Deixe que as palavras entrem em seu coração aberto, com sua mente expandida, não só para começarem a fazer sentido nesse momento, mas também para serem parte de você daqui em diante.

Só assim podemos de fato ver a vida fluir harmoniosamente com o que somos em essência.

Sigamos juntos.

Com amor,
Lufe.

Outros ângulos

Que prazer poder iniciar o livro compartilhando justamente algo que considero a base de tudo que será dividido com você, em cada uma das crônicas que escrevi.

Se existe algo que penso ser libertador, é a capacidade de nos permitir enxergar de outras maneiras, com outros olhares, vindos de referências variadas, informações diversas.

E, também, saber ter a humildade para compreender que nossa mente é, ao mesmo tempo, limitada e infinitamente poderosa, capaz de nos levar a viver plenamente.

Acho esse fato contraditório, no mínimo, apaixonante.

Assim como o mistério fascinante do DNA e da natureza em si.

A mente só alcança seu maior poder, sua melhor performance, quando nos colocamos na posição de nada sabermos.

Veja que interessante.

Só quando nossa mente assume que não sabemos nada é que todo seu potencial é despertado.

Podemos chamar esse movimento de "abrir a mente". Acho inclusive que todo mundo já ouviu essa expressão, mas isso é o que realmente precisamos fazer quando buscamos mais felicidade, mais sucesso, mais saúde, mais "tudo" na vida.

Assim que nosso cérebro registra informações sobre algo que vivenciamos ou sobre alguém que conhecemos, ele faz suas conexões e retém uma opinião, uma imagem do que nossos olhos visualizam.

Mas e se existirem diferentes formas de se enxergar algo?

A visão é algo abençoado, mas, ao mesmo tempo, uma armadilha.

E se existirem outros caminhos, outras imagens possíveis da mesma coisa, mas que exigem uma mudança de olhar, uma quebra de padrões?

Faz sentido?

Esse é o início de tudo o que vamos conversar no livro.

Vamos tentar oferecer a nossa mente novas maneiras de encarar antigos paradigmas e sair de situações que não nos ajudam mais.

Por isso, na abertura de cada texto, há uma imagem que lembra uma mandala, uma flor, um amuleto, uma visão que se renova a cada história.

Essas mandalas foram feitas por meio de uma técnica de colagem digital, a partir de uma foto da xícara em que tomo os meus cafés da manhã com você.

Ela, e somente ela, deu origem a esse "caleidoscópio" de imagens.

Belíssimas formas que nos mostram, por meio destas cinquenta crônicas, como existem diferentes possibilidades de encarar a mesma situação, o mesmo problema e, assim, perceber a luz e a beleza que nos aguardam em novos caminhos.

Faço aqui um convite para que você observe o que o aflige e desperte a mandala positiva que está diante dos seus olhos, para encontrar novos ângulos, novas oportunidades escondidas por trás de imagens automáticas ou preestabelecidas em sua mente.

No livro, você verá as mandalas em preto e branco, mas sugiro que as pinte com as mais diversas cores, assim, tal ação poderá te guiar nas infinitas jornadas de descobertas pessoais.

Parei de escrever por uns minutos aqui... me peguei sorrindo sozinho.

Fiquei imaginando todas as novas imagens florais, mandalas poderosas, amuletos de grande sorte com os quais podemos nos presentear todos os dias nas mais variadas possibilidades.

Possibilidades de abrir os olhos, a mente, a alma para enxergar além, e assim perceber que isso não está tão longe quanto imaginamos.

Está bem aqui, ao nosso lado.

Faço isso na minha vida e compartilho para que você possa aplicar na sua.

Se dê a chance, seja humilde para aprender a enxergar de forma diferente tudo aquilo com que já está acostumado, para, então, libertar o incrível potencial que sua mente pode alcançar.

O que uma samambaia me ensinou

Eu normalmente acordo de muito bom humor.

O começar de um novo dia é, para mim, um presente abençoado. Então, quando levanto e a luz invade minha casa, parece que tudo ao redor quer me dizer algo, me contar um segredo ou simplesmente me iluminar com um bom-dia.

Pois foi assim, em uma manhã ensolarada de outono, que uma samambaia falou comigo.

Calma, não estou maluco. Você vai entender.

Naquela manhã, o sol das 7h30 invadia as janelas da cozinha, deixando o espaço com um ar mágico.

Eu, como de costume, moí o café na hora, esquentei a água e coloquei duas fatias de pão para aquecer.

Sentei-me à mesa e fiquei admirando minha sala, que está cada dia mais cheia de plantas. Há meses, coloquei grandes samambaias na prateleira e, naquele dia, fiquei observando como elas se adaptaram ao ambiente.

Você já reparou que não somente as samambaias, mas todas as plantas, crescem em direção à luz do sol?

Aqui em casa elas me mostram isso muito claramente. As folhas estão lindas, pendendo pela estante, verdes e felizes, cada dia maiores, e crescem somente para o lado da luz.

Cheguei mais perto para reparar bem nesse detalhe.

Fiquei ali, namorando as plantas, quando um pensamento muito claro me veio. E é assim que elas falam comigo, ou seja, despertam pensamentos que até então eu não tinha.

Notei que a parte da frente, virada para a janela, estava verde e saudável, enquanto a parte de trás, virada para a parede e sem incidência direta de luz solar, estava sem vida, sem brotos, sem a menor perspectiva de algo nascer dali.

Fiquei realmente emocionado ao entender o recado.

Somos como as plantas. Somos como toda a natureza que nos cerca e, se olharmos a fundo, ela nos ensina generosamente tudo de que precisamos.

Naquele momento entendi que, para crescermos, evoluirmos pessoal, profissional e espiritualmente, precisamos focar nossos pensamentos e atitudes na direção da luz, exatamente como as plantas.

Se tivermos um olhar mais otimista, construtivo e edificante, se tivermos encantamento pela vida, pelo mundo que nos cerca, descobrindo o lado bom das situações e das pessoas amadas, valorizarmos momentos de alegria, de encontros, celebrarmos cada pequena conquista, vamos crescer rumo a essa luz, rumo a uma maneira mais clara e leve de viver. Nosso caminho será, então, mais iluminado e positivo.

Mas, se nossa atenção estiver no pessimismo, nas críticas, nos medos, na autodepreciação, apenas acompanhando notícias ruins, sendo egoístas, enxergando sempre o lado ruim, adivinha o que acontece?

Como a parte sem sol da samambaia na prateleira, vamos ficando sem brilho, sem perspectiva de um crescimento forte e saudável em diversas áreas da vida.

Incrível como a disponibilidade para observar uma simples planta pode nos ensinar sobre a direção que devemos seguir.

3 Trezentos anos de sabedoria

Quando estive em Frankfurt, na Alemanha, fiz um vídeo muito especial no apartamento de um colecionador de arte.

Foi realmente interessante andar pelo apartamento escutando sobre cada peça, cada artista, e as histórias impressionantes por trás das obras.

Naquele dia, recebi um presente que, para mim, se tornou muito valioso, principalmente em razão da mensagem que ele transmite: um quadro, um desenho em nanquim que, segundo o colecionador, tinha cerca de trezentos anos.

Esse desenho está hoje emoldurado e exposto na parede do escritório aqui em casa. Todos os dias, ao trabalhar no computador, admiro esse quadro e deixo seu ensinamento fazer parte de quem sou.

Vou te contar sobre ele.

No desenho, podemos ver o deus Saturno sentado sobre uma escultura de formas humanas em pedaços. Ele está diante de um quadro pintado por ele e que tem a intenção de imitar uma arte original. Ele sopra fumaça sobre a pintura para criar o efeito de obra antiga, e próximo dali há uma lata de verniz para finalizar a imitação.

Há uma foice da morte fincada na tela.
Saturno alado, sentado, sem voar, ao lado do símbolo da morte.

Segundo o colecionador, na época em que o desenho foi feito, as imitações de artistas reconhecidos eram comuns. O mercado de arte era bastante corrompido, e artistas sem renome eram contratados por grandes *marchands* para fazer as cópias.

Só que essas cópias, muitas vezes, eram ainda melhores que as originais.

Aliás, para que um artista fosse capaz de pintar um quadro que realmente se passasse por verdadeiro, ele tinha que ser extremamente talentoso, não é mesmo?

No mínimo, tão bom quanto o pintor a ser imitado.

Será que aquela foice não representava a morte do seu próprio talento? Como olhar para as asas que deveriam estar batendo em um voo alto, mas estão estagnadas? E para o deus, sentado sobre si mesmo, despedaçado?

A mensagem do café de hoje foi inspirada justamente no que está escrito bem abaixo desse desenho que tenho em casa:

"Para despertar seu talento pessoal, não deixe que os outros digam a você o que sentir."

Por que alguém com tanto talento não acreditava em si mesmo o suficiente para criar a própria arte?

Por que usar toda a sua capacidade para parecer ser alguém que não é?

Ou ainda, para dar visibilidade ao seu próprio talento, não deixe que os outros digam a você o que sentir, o que criar, o que fazer, pois tudo o que você tem aí dentro é o que vai fazer você se destacar, brilhar... Você não precisa querer ser alguém que não é, imitar o talento de outro...

Pode ser até que você seja muito melhor do que a pessoa na qual está se espelhando.

Isto basta para deixar seu talento aparecer: ser você mesmo.

Consegue se imaginar nesse cenário?

Pois nesse desenho está o recado. E olha que essa obra tem mais de trezentos anos!

Entenda: para criar seu apelo particular, deixar seu talento brilhar, se destacar pessoal e profissionalmente, seguir mais feliz com você mesmo, viver de acordo com seus valores, é preciso se conectar com sua essência e não deixar que os outros lhe digam o que sentir.

Vista para o mar

Coloquei uma plaquinha de acrílico azul no meu banheiro, dentro do box.
Nela está escrito "VISTA PARA O MAR".
Eu estava no banho agora de manhã admirando essa plaquinha. Fechei os olhos com a água caindo no rosto e minha mente acessou sentimentos que essa frase me desperta.
Percebi que precisava compartilhar com você esse ensinamento grandioso e, ao mesmo tempo, tão simples.
Quando falo "vista para o mar", o que vem à sua mente?
Pare por um minuto, feche os olhos e pense.
Pensou?
Tenho tendência a acreditar que imagens como essa que você visitou mentalmente têm o poder de abrir a mente.
Acredito que, quando visualizamos lugares de horizontes abertos e dimensões infinitas, essas imagens enviam informações ao nosso cérebro e, de alguma forma, compreendemos que a vida é bem maior do que imaginamos.
Pode ser uma imagem do oceano ou mesmo de uma selva de prédios vista de cima, uma janela para um vale verde, um rio que some em meio à floresta, uma estrada no deserto, pode ser também uma cadeia de montanhas nevadas.

O importante é acionar a sensação de infinito, de horizonte aberto. Aqui em casa tenho também uma foto imensa de nuvens com uma linha azul do céu e outra da escotilha de um navio, como se avistasse a linha do horizonte no mar.

Quando a mente processa imagens que nos mostram um mundo bem maior que nosso entorno, ela se expande às infinitas possibilidades.

O inconsciente entende que existem caminhos mais amplos e, de algum modo, faz com que consigamos enxergar o que antes parecia meio turvo.

Sugiro que você imagine alguma imagem de infinito.

Pense em uma linha do horizonte e deixe sua imaginação liberar todo seu poder.

Quando não limitamos nossa mente, ela se liberta para expressar seu grande talento criador.

Muitas vezes, as soluções que você tanto deseja encontrar para algum problema estão prontas para brilhar à sua frente e levá-lo para lugares muito mais felizes. Mas, para isso, devem encontrar o caminho livre.

Você precisa, então, treinar essa habilidade mental, para acessar a liberdade de procurar novos caminhos e novas maneiras de enxergar qualquer situação e poder, assim, revelar novas soluções.

Para a mente ser tudo aquilo que ela tem o potencial de ser, temos de fazer a nossa parte.

Enxergar a certeza do infinito, sentir com todo o coração que há muito mais possibilidades que ainda não experimentamos, coisas que nossos olhos nunca viram, culturas que conheceremos e caminhos que percorreremos.

Quando penso na "vista para o mar", não vejo somente o horizonte azul, eu sinto minha mente em pleno voo.

Você precisa encarar a realidade

Eu fico impressionado como sempre me falam isso!
Acho engraçado quando olham para mim como se estivessem dizendo algo para salvar minha vida, sabe?

Quase como se cochichassem ao meu ouvido: "Vem aqui, vou te dar uma dica importante, você precisa encarar a realidade".

Morro de rir com a cegueira dessas pessoas.

Vamos analisar isso juntos.

Normalmente quando alguém quer "trazer" você para a realidade, quer é falar sobre boletos a pagar, supermercado para fazer, a escola das crianças, os compromissos do dia a dia, as cervejas no bar, as idas e vindas das relações, as metas do ano, os chefes e colegas de trabalho, o trânsito, as crises políticas.

Aliás, já me chamaram de alienado várias vezes por não tentar encontrar soluções para os problemas estressantes e sempre repetitivos que causam histeria coletiva no país.

Na verdade, amei quando me chamaram de alienado pela primeira vez, sabia?

Essa palavra descreve bem como eu enxergo todos aqueles que me acusam de viver fora da realidade.

Quem é mais alienado?

Uma pessoa que nem percebe que está imersa em um mundo criado para transformar todos em consumidores, que não vive intensamente o dia a dia dos filhos por estar sempre "antenado" no trabalho? Aquele que faz o mesmo que todos, que viaja para tirar as mesmas fotos que todos tiram, que comenta a mesma coisa que a maioria está comentando? Sabe aquele que defende igualdade de direitos desde que não mexam na sua zona de conforto, ou aquele que sabe tudo o que cada político faz ou deixa de fazer? Ou o que tem o telefone do ano e é abduzido pelos infinitos aplicativos?

Quem é mais alienado?

Aquele que pode falar sobre todos os índices econômicos e que sempre acompanha a briga dos telejornais por audiência, mostrando tragédias simplesmente porque ao escancarar desgraças têm mais adesão? Ou, ainda, todos aqueles que não se atentam à verdadeira realidade?

Como "verdadeira realidade" entendo o ar que respiramos, a água que bebemos, o sol que nos ilumina, os abraços sinceros que nos aquecem.

Me diz?

Quer algo mais real do que as coisas mais simples?

Quantas dessas pessoas que vivem na chamada "realidade" conseguem perceber que o importante é o presente e o entendimento do que somos no universo?

Amo conforto, amo dinheiro, amo ter uma estrutura que me facilite a vida. Quem não ama? Qual o mal em admitir isso? Não é uma questão de recusar o que o mundo civilizado me oferece, mas de entender que o mundo real vai muito além de satisfazer apenas a sede de conquistas materiais.

Adoro acordar feliz, cantar e dançar enquanto agradeço pelo novo dia que começa. Conversar sobre valores que nos tornam mais leves enquanto tomo café com você e uma infinidade de almas espalhadas pelo mundo. Trabalhar sorrindo e me cercar de pessoas positivas que valorizam suas histórias, suas memórias, a boa relação que têm com a vida.

Conversar com as plantas em casa, abraçar com amor quem encontrar pelo caminho, brincar com o cachorro da vizinha. Dar bom-dia para as pessoas que muitas vezes são invisíveis para a maioria. Falar com o motorista de aplicativo e admirar a cidade ao redor em vez de ficar de cabeça baixa olhando para o celular. Notar as árvores nas ruas, elogiar o corte de cabelo e a roupa de alguém, sorrir sem motivos simplesmente por perceber que está aqui e agora.

Fecho os olhos e sinto com todo amor quando o vento bate em meu rosto. Faço isso imaginando que através do ar que respiramos estamos todos conectados nesta Terra. Amo olhar com carinho para o lado bom das pessoas que encontro e mostrar, através da casa delas, toda a beleza que vai além daquilo que podemos ver.

Gosto de saber que, ao encontrar alguém, minha presença deixou aquela pessoa um pouco melhor, mais leve e feliz.

Você se olha no espelho e agradece por cada dia? A cada nova conquista que se apresenta, consegue identificar claramente que ela vem de uma harmonia espiritual muito maior do que o seu ego?

Você repara nas nuvens, no sol da manhã e nas tardes alaranjadas?

Quem é mais alienado?

Alguém que não está por dentro de todas as notícias ou alguém que não está atento ao ar que respira nem ao olhar da pessoa ao lado?

Aquele aperto no peito

De tempos em tempos já sei que isso vai acontecer comigo.

Sabe aquele aperto no peito?

Uma sensação de agonia que, sem motivos, te faz chorar? Tudo parece meio perdido, meio confuso, meio sem rumo?

Nessas horas, queremos só ficar quietos, né?

Dá um desespero e uma ansiedade, pois parece que todas as decisões que tomamos foram ruins ou nos conduziram para lugares que ainda não são a felicidade desejada. Ou, ainda, nos sentimos muito solitários e muito vazios por não enxergar o que deveria estar mais claro.

Eu me sentia assim com certa frequência e precisava entender e aprender o que isso queria me dizer.

Há muitos anos, quando vivi uma das minhas maiores experiências de autoconhecimento, que chamo de "Espiral de Mudanças", consegui entender totalmente o que isso significava. E talvez faça sentido para você também.

Fazendo uma retrospectiva, percebi que sempre senti esse aperto no peito, por tempos prolongados, em momentos que me prepararam para grandes e maravilhosas transformações na minha vida.

Cada vez mais entendo que, quando algo muito bom está por vir na minha jornada, eu me sinto como se o universo de alguma forma estivesse gritando para mim, falando comigo. E é preciso que eu esvazie minha mente mundana e amplie minha capacidade de captar novas vibrações.

Quando falo que sempre vivi isso, é verdade.

Quer um exemplo simples?

Certa vez me senti tão desesperado, que não consegui dormir por semanas, e chorava como uma criança. Sem saber por quê. Só sabia que tudo ao meu redor não atendia ao que minha alma gritava, ao que meu íntimo dizia.

Mas adiantava me perguntar o que era? Não.

Eu não tinha ideia de que caminho seguir, então só sentia aquilo com muita intensidade e tentava ficar atento aos sinais dessa onda que queria chamar minha atenção.

Naquela época eu era fotógrafo de moda, fazia retratos em estúdio e também para revistas de decoração que mostravam casas extremamente sofisticadas.

Sabe o que gerou essa agonia?

O nascimento do canal Life by Lufe, do meu projeto de vida que me conecta com pessoas que vivem do modo como me identifico no mundo.

Tive que lutar contra o padrão de fotografia da época, tive que desbravar um conceito sem me importar se iriam gostar ou não, ou até se me pagariam por aquilo. Tive que arriscar não ser compreendido para dar oportunidade àquilo que gritava dentro de mim e para acreditar que esse seria o caminho para me destacar profissionalmente.

Primeiro, ser eu mesmo. Depois, abrir caminhos para um reconhecimento verdadeiro e duradouro.

Os anos passaram e, de vez em quando, sinto essa temporada de aperto no coração.

Desses apertos surgiu o canal no YouTube, depois mais um apertinho e nasceu o livro, novas séries no canal, novos desejos, novas conquistas. E saiba que, ao escrever estas linhas, meu coração está apertadinho.

Sei que preciso falar com você em palavras que possam durar para sempre. Sentimos agonia, ansiedade, preocupação com o mundo externo, mas onde dói?

No peito, lá dentro da alma!

Por quê?

Porque é você mesmo chamando a atenção para dentro de si, para o lugar onde estão todas as respostas que procura.

Acho que acabei descobrindo o que significa esse aperto no peito, essa dor no coração. Quando sinto isso, me conecto com meu eu interior, minha essência mais verdadeira, uma espécie de "Lufinho" que me cutuca, me belisca por dentro para me lembrar do que nunca devo me esquecer.

É como se esse eu quisesse me tirar da loucura do dia a dia, me dar as respostas que busco, mas tirando o foco daquilo que é mais racional, aliviando a pressão na mente e me indicando o caminho certo, ou seja, no meu peito, nas profundezas do meu coração.

Hoje, quando isso acontece, não rejeito a dor e a vontade de chorar. Sei que é um sentimento positivo.

Agora, vivo esse momento intensamente, rindo e chorando ao mesmo tempo, pois sei que minha melhor companhia mora dentro de mim e me guia em total conexão com aquilo que só me quer bem.

Esse aperto, então, é seu eu interior chamando você, para lembrá-lo de ser pleno, para dizer que a melhor e mais poderosa resposta é ser você mesmo, é se conectar consigo, é se deixar brilhar com aquilo que tem de mais lindo, é fluir com a alma cheia de luz.

Sim

Esta é uma das histórias mais poderosas deste livro.

Poderosa no sentido de ser tão simples e ao mesmo tempo tão eficiente, capaz de mudar muito nossa visão de mundo, mas quase escondida por trás de pensamentos limitantes.

Vou te contar.

Reformei completamente meu apartamento quando o comprei. Ele fica em um prédio dos anos 1950 e tem pé-direito alto. Quis deixá-lo na sua planta mais original e crua, ou seja, queria viver a alma do apartamento, com os tijolos à vista, as vigas e as colunas de concreto aparentes.

Quando completei sete anos vivendo ali, notei que a tinta do teto da cozinha estava se abrindo.

Não era infiltração nem problema de estrutura. Era apenas o tempo mostrando sua cara.

A camada de tinta tinha trincado e estava se abrindo como uma flor.

Nesse momento, o que a maioria das pessoas pensa?

"Credo, preciso arrumar isso logo. Fica parecendo uma casa malcuidada, com esse teto detonado."

É ou não é?

Aliás, vários amigos que me visitavam falavam a mesma coisa: "Quando você vai arrumar esse teto?".

Mas, engraçado, eu não percebia aquela abertura da tinta no teto da cozinha como um problema. Ficava um tempão olhando para aquelas marcas, imaginando o apartamento falando comigo ou mesmo se mostrando como uma espécie de artista.

Sei que parece coisa de louco, mas eu via arte naquela história.

Então, um dia, comprei uma caneta rosa-choque bem viva, subi as escadas e pintei as bordas das camadas descascadas.

Agora não era mais simples descuido, era uma instalação de arte, mas ainda faltava alguma coisa... Fiquei olhando para aquilo, tentando enxergar além do teto.

Por que temos esses pensamentos tão limitantes?

Por que nossa mente faz uma associação negativa assim tão facilmente?

Por que a aparência de algo ou de alguém já categoriza se é certo ou errado?

Será mesmo que não podemos ser muito mais?

E não estou falando só do teto, estou falando da vida como um todo.

E se abrirmos nossa capacidade perceptiva do mundo e entendermos mais do que os olhos podem ver? Podemos tentar? Será que dá certo começarmos a perceber nossas infinitas possibilidades, treinando com as coisas simples do dia a dia?

Vai dar certo? Pode ser? Somos maiores do que sabemos? SIM!

Quando eu olhava para aquela mal-interpretada "instalação de arte", a única coisa que minha alma gritava era SIM!

Pois subi novamente na escada e escrevi com a caneta rosa-choque para lembrar todos os dias: SIM! Podemos sim, dá certo sim, claro que sim, somos mais do que isso sim!

Agora eu olhava todos os dias para o teto da cozinha e lá estava escrito SIM!

E você? Acredita que, se começar a treinar seus pensamentos nas menores atitudes do seu dia a dia, sempre com o SIM como guia, algo incrível pode acontecer?

Nossa mente é misteriosa e incrivelmente fascinante.

Ela coloca milhões de possibilidades ao nosso dispor.

Quando damos a ela uma missão, ela usa todo seu poder de conexões e percepções para achar uma resposta. Quando damos a ela a liberdade de ser criativa, de acreditar que ela pode achar um caminho, de que ela é capaz, sim, de tudo, adivinha? Ela cumpre a missão dada orgulhosamente.

O "sim" ilumina direções às vezes impensadas e abre caminhos inesperados, enquanto o "não" encerra a conversa.

Quando damos um "não" para a mente ela simplesmente desiste: se não vai dar certo mesmo, para que continuar?

Se já dizemos a ela que não somos capazes, que não há solução, que não existe outro caminho, para que tentar?

Esse é um dos maiores crimes que podemos cometer contra nós mesmos.

O "não" primordial, antes de qualquer alternativa, tem um poder limitante, enquanto o "sim" tem uma força libertadora, que nos surpreende positivamente.

Veja você.

Se um teto descascando em uma cozinha pode ensinar tanto, você acha mesmo que se abrirmos nossas percepções podemos encontrar as respostas que buscamos?

SIM!

Não temos tempo para rascunho

Quando eu tinha 24 anos de idade, morando em Florianópolis, conheci uma pessoa que me marcou para sempre.

Naquela época eu trabalhava na TV e fui fazer uma série de entrevistas no campeonato mundial de surfe.

Foi lá que conheci uma senhora fascinante.

Ela tinha cabelos longos, sempre soltos, naturais já com alguns fios brancos. Ela usava saias compridas e tinha sempre os pés descalços.

Ela era a massagista dos surfistas.

Parece um emprego chato, não é?

Pois, aos poucos, fui percebendo que ela emanava uma luz poderosa no momento das massagens.

Era uma conexão bonita.

Ela quase lembrava uma antena, captando uma energia divina de cura e a transmitindo a quem massageava.

Fiquei encantado por ela.

Claro que, como não sou nada tímido, já puxei conversa. E descobri que ela havia morado anos com os índios do Xingu, sendo talvez a única mulher na época a conseguir tal feito.

Ela também se dizia bruxa.

Eu, que já estava encantado com as histórias, fiquei vidrado querendo saber mais.

Florianópolis é conhecida como a ilha das bruxas, mas isso não tem nada a ver com mulheres de verruga no nariz que vivem na floresta fazendo maldades.

Na verdade, eram chamadas bruxas aquelas mulheres que eu mais admiro, ou seja, aquelas que são mais conscientes da sua feminilidade, do seu poderoso papel na sociedade, da força que têm, independentes, criativas, livres para dançar, cantar, se divertir, serem mulheres. Amo imaginá-las arriscando a vida com orgulho e não aceitando a imposição machista e religiosa que tanto as inibiam.

Pois, terminado o campeonato mundial de surfe, mantivemos contato.

Ainda me lembro da visita que fiz a sua casa, ela de pés descalços, preparando um chá. E eu observando as folhagens secas penduradas na cozinha, o gatinho andando entre os livros, o incenso aceso, os móveis de garimpo.

Ah, como eu queria já ter o canal Life by Lufe naquela época, para filmar aquela casa, seu jardim perfeito e natural.

Nas semanas seguintes ela promoveu um encontro para ensinar meditação, e eu quis participar.

Foram três dias de imersão profunda.

No último, fomos meditar em uma pequena caverna na Praia Mole, onde podemos ver antigas inscrições rupestres.

Foi um dos momentos mais profundos da minha vida, em termos de conexão comigo mesmo e com a minha essência.

Era como se eu me entendesse por completo, sem ter ainda a maturidade para me compreender.

Ao final da meditação, todos começaram a sair silenciosamente da caverna.

Eu fiquei por último, e então ela me chamou e pediu para esperar.

Com os olhos brilhantes me encarando, disse:

"Você não tem noção da luz que te envolve. Não é uma luz, é um holofote. Parece existir um time todo ao seu lado brilhando com muita força."

E então ela me disse a frase que carrego como um grande ensinamento para ser quem eu sou e levar a vida que levo.

Segundo ela, ao me ver ali, envolto por aquela luz pessoal, ela quis compartilhar comigo um dos seus mais profundos e mais simples aprendizados de vida, que eu compartilho aqui com você.

Ela falou pausadamente:

"Não temos tempo para rascunho."

Ela só me disse isso.

Aquela frase ecoou na minha alma, e a compreendi profundamente.

Nesta vida precisamos viver o momento, sentir o instante presente, ser conscientes do aqui e do agora.

Se vamos fazer algo, vamos fazer o melhor que podemos nessa oportunidade única.

"Não temos tempo para rascunho."

Isso me fez, me faz e vai me fazer viver a vida sempre celebrando cada minuto, cada segundo e cada encontro.

Sabe aquele conhecido ditado: "Não deixe para amanhã o que você pode fazer hoje"?

Quando fazemos isso, geramos uma onda magnética que atrai positividade, justamente por valorizarmos toda a bênção que é estarmos vivos, aqui e agora.

Pensando nisso, vivo o momento presente, acordo feliz, degusto cada refeição com alegria, sorrio, sonho, realizo, abraço e me abro conscientemente a todos os sinais que a vida me apresenta.

Quando estamos atentos, as oportunidades aparecem e conseguimos captá-las, enxergá-las, aproveitá-las.

Ao estar imersos na confusão rotineira, tudo que desejamos parece pipocar à nossa frente, mas não conseguimos de fato enxergar.

Como você se percebe lendo essa frase? Como ela toca você?

Fazendo uma análise rápida do seu dia a dia: você anda desperdiçando a vida?

"Não temos tempo para rascunho."

Não temos tempo a perder.

Isso não significa que devemos estar ocupados o tempo todo, cheios de projetos, querendo aproveitar todos os minutos possíveis sem dormir direito para não perder tempo.

O caminho não é esse.

Você quer aprender algo, uma dança, uma língua, uma habilidade?

Quer falar aquelas palavras de carinho para pessoas que aquecem seu coração?

Deseja se expressar da sua forma única no mundo?

Deseja mudar de profissão?

Se você sente lá no fundo do peito que há algo positivo o chamando, adivinha?

"Não temos tempo para rascunho."

Planeje, viva, se jogue. Cada caso é um caso, mas a verdade é uma só.

Quando você se harmoniza com a sua mais pura essência, amplia sua presença, potencializa suas percepções, cada segundo vira uma vida inteira e, por ela, nenhum momento deve ser desperdiçado.

Esse é um chamado para estarmos mais conscientes de quem somos, de onde estamos e de como somos parte de algo maior.

9
A sorte escolheu você

Gosto de acordar e colocar uma música para começar o dia em alto astral.

Normalmente não são músicas muito agitadas. Prefiro as mais calminhas, que despertam uma introspecção. Mas sempre com um lado mais feliz.

Adoro listas com artistas variados tocando aleatoriamente, pois gosto de ser surpreendido.

Certa manhã, me trocava após o banho e uma música da banda Skank começou a tocar. Em certo momento, a letra dizia: "A sorte escolheu você, e você, cego, nem nota".

Fiquei com aquilo na cabeça enquanto preparava meu café.

Por quantas bênçãos somos agraciados diariamente e já não as valorizamos porque fazem parte do nosso cotidiano?

Já parou para pensar?

É tão comum as pessoas acordarem, ligarem seus aparelhos de TV para saber das últimas notícias e nem perceberem o que comem de manhã! Estão vidradas na tela do celular, vendo os jornais ou os posts de uma vida falsamente perfeita das pessoas no Instagram.

Às vezes tudo aquilo que você mais deseja, pede e sonha está ali, bem na sua frente. Mas você ainda não aprendeu a notar a sorte que brilha na sua vida.

Acredito que isso exija treinamento diário. Perceber os sinais é algo a ser aprendido em exercícios constantes.

Por isso defendo tanto a meditação, práticas de atividades físicas que oxigenam o cérebro, momentos de silêncio e uma percepção mais sincera de quem somos e o quanto estamos conectados com tudo que nos rodeia.

Captar os sinais é uma capacidade a ser sempre aprimorada, mas que também é simples e prazerosa. Uma vez que se aprende, é como andar de bicicleta, ou seja, jamais se esquece. Mas é também como a musculação, se não praticarmos, os músculos se atrofiam, perdemos o condicionamento.

Nosso cérebro e nossa mente têm, além das capacidades físicas, um poder ainda desconhecido que faz deles algo como antenas receptoras.

Desde criança, eu ficava fascinado ao saber que usamos um percentual muito baixo da capacidade do nosso cérebro. Como aventureiro que sou, buscava cada dia usar mais e mais essa bênção de ter uma mente curiosa, criativa e saudável.

Ao escutar essa música, o menino curioso que vive em mim despertou: "A sorte escolheu você".

Já parou para pensar nisso?

O simples ato de você estar lendo este texto agora mostra muita coisa.

Vou propor um exercício.

A letra fala que "você, cego, nem nota", então vamos fazer diferente?

Vamos notar?

Ou melhor: vamos anotar?

Escreva todos os motivos de você se considerar sortudo. Pode ser o mais simples possível.

Escreve aí. Qualquer coisinha.

Eu, por exemplo, escrevi que me sinto sortudo por acordar sempre de bom humor. Isso independentemente da situação que estou vivendo. Sempre acordo como se tudo pudesse recomeçar.

Tem gente que vai dormir e não acorda, sabia?

Gente que está de olhos abertos, vivendo, mas não está nada desperto.

Então me sinto sortudo por ser curioso. É, isso mesmo! Tem gente que nem liga para nada. Eu ligo para tudo. Quero experimentar comidas diferentes, conhecer gente que pensa diferente, quero ser, a cada dia, a reunião dessas diferenças.

Esse é um exercício de valorização das coisas simples, porém importantes. Não escreva que é sortudo por ter o carro ou a casa que tem. Em vez disso, escreva sobre sua capacidade de conquistar esses bens, de manifestar tais coisas materiais, de dar alma aos lugares que você habita.

Bem, depois de fazer essa lista, valorize cada ponto.

É como uma engrenagem.

Se valorizarmos determinada coisa ou situação, por menores que sejam, elas passam a ter um brilho diferente e parecem despertar outras bênçãos que aguardam seu reconhecimento.

Quanto mais você valoriza pequenas sortes, mais essa engrenagem se encaixa e começa a girar.

Quem não gosta de um elogio e de ser reconhecido?

Todos nós amamos.

E, veja só, o universo também gosta.

Não é incrível presentear alguém que sabe agradecer e

vibrar de coração? Sempre dá vontade de oferecer algo para aquela pessoa que usa e se sente feliz com o que damos.

Já aqueles que fazem pouco caso, que não se empolgam com o que oferecemos, aos poucos, vamos parando de presentear, ou então damos qualquer coisa sem pensar, sem alma, só por obrigação.

O universo faz o mesmo com a gente.

Quando recebemos as bênçãos com alegria, as usamos, as valorizamos, parece que sua reação fica cada vez mais intensa, ou seja, o universo nos presenteia ainda mais.

Então, a partir deste minuto, valorize cada bênção da sua vida: observar uma árvore florindo quando caminha pela rua, deitar em um travesseiro gostoso ou sentir um tempero especial em algum prato preparado por quem você ama...

Faça isso. E verá que o que é pequeno tende a se tornar imenso, grandioso e constante.

E, então, vamos cantar juntos: "A sorte escolheu você, e você, desperto, celebra".

10
Todo mundo pensa assim

Cuidado. Essa frase é bem perigosa.
Eu tenho um grande amigo, Leandro, que sempre me ensina muito. É engraçado, pois somos tão diferentes e tão iguais ao mesmo tempo! Adoro isso.

Eu me empolgo com tudo. Sempre com os mais exagerados sentimentos. Quando eu ia contar de um projeto ou falar de uma ideia, era como se eu falasse o que todo mundo queria ouvir, o que todo mundo precisava, e parecia que todo mundo pensava exatamente como eu.

E esse meu amigo sempre me perguntava: "Todo mundo quem? As pessoas que te cercam? Seus amigos mais próximos? Os que têm as mesmas referências e os mesmos privilégios que você?".

Olha que constatação importante!

Desde que ele me alertou, aprendi essa lição. Agora quero contar a você por que precisamos ter cuidado com esse "Todo mundo pensa assim".

Pare por um minuto e vamos pensar juntos.

Como são seus amigos? Eles são parecidos uns com os outros? Eles gostam dos mesmos restaurantes? Usam roupas parecidas? Viajam para lugares semelhantes? Quando vocês conversam, mesmo com uma ou outra opinião divergente, tendem a seguir a mesma linha de pensamento?

Vamos ainda mais longe.

E coisas menores, como o corte de cabelo? São parecidos?

Quando comentam sobre pessoas distantes de vocês e diferentes culturalmente, têm a mesma opinião? Acham legal, mas enxergam somente como uma aventura exótica?

Pense nisso sinceramente. Seja franco.

Se todos ao seu redor forem muito parecidos, cuidado. Você pode estar em uma bolha, e isso é um desperdício na vida.

Não que seja totalmente errado. Não é isso. É que existem tantas variações no mundo que, ao nos prendermos a um modo similar de pensamento, acabamos perdendo muito.

Se olharmos para as pessoas sentadas na grama de um parque, essa pequena amostra já comprova o quão diverso nosso mundo é. Isso é inegável.

São tantos animais, tantas espécies, tantas formas de vida, que a diversidade é uma das leis mais certeiras da criação.

Por isso, se observe inserido em seu contexto e valorize todos os que te cercam. Mas também tente fazer com que sua roda de amigos seja sempre diversa, para que você possa absorver tudo aquilo que o mundo é capaz de lhe dar.

Hoje, quando penso em "Todo mundo pensa assim", dou risada. Fico ainda mais curioso para descobrir o que alguém pensa diferente de mim e aprender com isso, em vez de querer impor que pense como eu.

Imagine? Se todos concordarem comigo, pensarem como eu penso e fazerem exatamente como faço, como posso sentir que evoluo no mundo?

Cada diferença é uma oportunidade de sermos ainda mais do que já somos.

Como encontrei minha profissão ideal

Assim que marquei o "x" na alternativa "Engenharia Civil" do vestibular, eu já me arrependi.
Sério.
No exato segundo em que marquei à caneta, na fila da inscrição, sabia que tinha feito a escolha errada.
Aquilo me deu uma tristeza enorme, pois não tinha dinheiro para comprar outro formulário.
De qualquer forma, estudei com dedicação e fiquei entre os dez mais bem pontuados daquele ano no processo seletivo da Universidade Federal de Santa Catarina.
Eu só pensava que poderia ter sido aprovado em qualquer curso e não entendia ainda o porquê de ter escolhido Engenharia Civil.
O primeiro semestre foi uma festa, e não desisti do curso porque o núcleo de amizades que fiz foi como um sonho.
No segundo semestre, cheguei falando que desistiria, mas, mais uma vez, os amigos acabaram me convencendo a ficar, imaginando o quão incrível seria nossa festa de formatura etc.
No terceiro semestre, eu estava decidido. Não existia mais a possibilidade de continuar. Aquela, de fato, não era minha profissão.

Eu estava dentro da sala de aula conversando com um amigo sobre minha decisão definitiva de desistir da Engenharia, quando um professor chegou e ouviu minhas reclamações.

"Que bom saber que você vai desistir. O que vai fazer? Vai mudar para qual curso?", perguntou ele, interessado.

"Ainda não sei."

"Como não? Não vai fazer Odontologia? Nem Medicina? Direito? Nada disso? Então por que vai sair?"

"Ainda não sei, professor. Vou sair, pensar com calma e prestar outro vestibular. Só não quero mais perder tempo."

"Mas você não está sendo esperto", disse ele, completando, em seguida, com a pergunta que me mostraria enfim a profissão com que sempre sonhei e que não estava entre as opções oferecidas pela universidade:

"Você sabe o que é essa Engenharia que você está querendo abandonar? É um curso que te prepara para três coisas:
- pensar rápido;
- agir de forma lógica e
- resolver problemas."

"Para tudo, professor!", disse, empolgado, e com os olhos brilhantes.

Aquele era, sim, o curso que eu sempre quis! Era aquilo que eu esperava da universidade, ou seja, me preparar para qualquer desafio que a vida me apresentasse.

Pensar rápido, agir de forma lógica e resolver problemas me abriria tantos caminhos, tantas possibilidades, que eu não precisava de um título para minha profissão. Eu não seria engenheiro.

Seria eu mesmo.

E seria totalmente livre para seguir os chamados de um mundo em constante transformação e onde novas ideias surgem a todo momento.

Nunca mais quis desistir. E me dediquei de forma exemplar aos estudos, sempre pensando em treinar o cérebro.

Por que isso é importante de ser compartilhado?

Para mostrar a você o quanto é preciso estar aberto para as infinitas possibilidades e como é necessário acessar a nossa capacidade disruptiva.

Mesmo que você esteja em um momento confortável da vida, o desafio é saber reconhecer um novo caminho que se apresenta e, principalmente, jamais deixar de ser quem é.

Eu não defini minha profissão. Eu não me dei um rótulo nem assinei um destino previsível.

Em vez disso, entendi que encontrar a minha essência foi a melhor forma de ser bem-sucedido profissionalmente.

E, ao final, quais são minhas habilidades fundamentais como fotógrafo e criador de conteúdo digital?

Estou sempre pensando rápido, agindo de forma lógica e resolvendo problemas.

Tudo que faço passa por esses três pontos.

Segundo pesquisas de mercado do futuro, as profissões que serão as mais bem pagas daqui a cinco anos nem sequer existem ainda.

Como, lá no ano 2000, eu poderia imaginar que seria fotógrafo, viajaria o mundo e que seria *youtuber*? Aliás, naquela época nem sonhávamos com a internet de hoje. E hoje provavelmente nem imaginamos o que teremos à disposição daqui a cinco, dez anos.

Por isso, é preciso saber reconhecer nossos talentos naturais, aprender a usá-los com liberdade e não tentar nos encaixar em rótulos profissionais quando estes não nos representam genuinamente.

Fui parar no Hospital do Coração

Havia dias que eu estava sentindo meu coração estranho. Meu peito doía.

Certa manhã essa dor aumentou drasticamente, me senti mal e fui direto para emergência do Hospital do Coração. Cheguei andando, fiz a ficha cadastral, mas estava doendo.

Queria acreditar com toda força que não era nada sério.

Prontamente me encaminharam para uma triagem.

Logo o médico veio e começou a fazer uma série de exames, já avisando que eu ficaria ali o dia todo, provavelmente internado, e sem chances de voltar para casa.

Naquele momento, apavorei.

Como aquilo poderia estar acontecendo comigo?

Nessa época, eu fazia exercícios aeróbicos pelo menos três vezes por semana, estava sempre bem-disposto. Como meu coração começa a falhar assim de uma hora para a outra?

Veja só...

Fizemos todos os testes possíveis.

Entrei naquelas máquinas imensas, me sentia em um túnel agonizante e claustrofóbico, fiz teste de contraste, que causa enjoo, fiz ergométrico, pressão, sangue... Todos!

O médico então me chamou, e começamos essa conversa tão importante, que compartilho com você, na esperança de que você se entenda, literalmente, com o seu coração.

Os resultados dos exames foram bons, ou seja, fisicamente meu coração estava saudável. Mas não parava de doer.

O doutor então começou a me fazer perguntas em busca de uma resposta para aquele caso. O que eu comi? Seriam gases? Como era a rotina da academia? Tive algum impacto físico, alguma batida? O que tinha mudado nas últimas semanas que eu pudesse relatar?

Pois foi aí que veio a resposta.

Era um momento de grande efervescência política no país e, como de costume, eu quase não assisto TV, muito menos fico lendo jornais que parecem derramar sangue disfarçado de notícias...

Meus amigos começaram a chamar minha atenção, pois era muito importante saber todos os detalhes sobre o que nosso Brasil estava passando.

Eu, nas rodas de conversa, ficava a maior parte do tempo calado, pois chegava ao absurdo de não saber nem os nomes dos principais atores políticos daquele momento.

O que eu fiz?

Para não me sentir deslocado entre os amigos, passei a ligar a TV todas as manhãs, acompanhando o que se passava no país.

Em pouco tempo, eu já conversava sobre tudo, dava minhas opiniões inflamadas em oposição a outras e já me sentia um *expert* político. Mas também foi em bem pouco tempo que fui parar no hospital, supostamente sofrendo um ataque do coração.

Por que conto isso?

Pois entendi que vale compartilhar mais essa lição.

Sabe quando vamos à academia e fazemos exercícios depois de muitos anos sem fazer nada? O que acontece?

No outro dia nem conseguimos andar direito. Nossos músculos doem, por não estarem acostumados ao choque que são os exercícios. Quando malhamos, nossos músculos são "destruídos" e, na sua reconstrução natural, eles doem.

Quando nos exercitarmos constantemente, nosso corpo não sente mais essas dores. Aquele choque já não é mais sentido, e encaramos o esforço como algo normal.

Nosso cérebro segue o mesmo princípio.

Quando temos a mente tranquila, uma maneira mais positiva e construtiva de enxergar o mundo e, de repente, somos expostos aos noticiários sempre mostrando tragédias, assaltos, tristezas; quando somos invadidos de modo passivo por manchetes que nos tiram a esperança, que nos deixam inseguros, que parecem nos levar para um estado constante de descrédito nas pessoas e no futuro, sabe o que acontece?

A mente dói.

Como os músculos após o primeiro dia de academia.

Mas sabe o que é pior?

Quando assistimos aos telejornais, lemos as notícias e somos bombardeados com tragédias a todo o momento, nossa mente se acostuma com aquilo e não dói mais, seguindo o mesmo princípio dos exercícios físicos.

Imagina? Vemos coisas terríveis e nem ligamos mais. Aquilo passa a ser normal.

Todos ficam hipnotizados em uma realidade limitada.

Passamos a almoçar assistindo a cenas terríveis sem notar o absurdo de tal hábito. Da mesma forma, jantamos com nossos filhos enquanto a TV está ligada e a novela violenta mostra sequestros, gritos, assassinatos. Logo em seguida, no telejornal, percebemos que tudo aquilo não é mera ficção.

Nossa energia é drenada, sugada para um poço sem fundo, e nem percebemos mais, pois estamos acostumados, consideramos normal que coisas tão terríveis façam parte do nosso dia a dia.

Eu não estava tendo um ataque do coração de fato, mas, como minha mente não estava acostumada a receber aquele choque emocional, meu corpo o sentiu como uma terrível violência física, que me causou tanta dor! Inconscientemente, padecia de agonia e tristeza.

Ainda bem que identifiquei que algo anormal estava se passando comigo!

Mas será que todos têm essa clareza e esse tempo de olhar para si mesmo no dia a dia? Será que temos a coragem de não seguir o fluxo, de não nos obrigarmos a ser iguais aos outros nem acreditarmos no que aparentemente todos seguem?

O mundo não é só o que a maioria pensa, e, acredite, existe uma infinidade de caminhos possíveis antes de nos deixarmos ser hipnotizados por essa versão unificada da realidade.

Quando percebi isso, senti uma imensa libertação e tive a sorte de conseguir entender antes de me deixar levar por um caminho sem volta.

Por isso, quando vejo pessoas prósperas, não apenas financeiramente, mas também pessoal e espiritualmente, sinto que estão em sintonia com essa liberdade da qual falo agora.

É uma decisão individual.

Você pode escolher se ver livre dessa agonia que nos consome inconscientemente e nos arrasta para um lugar nada feliz.

Escolha com sabedoria o que entra em sua mente, assumindo assim o controle do que de fato se harmoniza com seu mais puro espírito.

Lembre-se: existem realidades diversas. Basta você saber enxergar com a alma e sintonizar o melhor para você.

Sem máscaras

Escrevo estas linhas enquanto uma multidão pula e dança lá embaixo, colorindo as ruas ao redor em um dos maiores Carnavais do Brasil.

Acabo de chegar em casa e, enquanto estava no metrô, alimentei um pensamento sonhador. Quando saí da estação, a música invadia os quarteirões, e no ar havia serpentina, confete, purpurina. Não tem como ficar indiferente a isso.

Meu coração teve ainda mais certeza de que aquele sonho impossível seria uma das mais lindas possibilidades – caso ele se materializasse, claro.

Em minha imaginação, eu desejava que fosse Carnaval o ano inteiro.

"Não sabia que gostava tanto da folia!"

Bem... Adoro o Carnaval, é verdade, mas não é exatamente esse o ponto que quero ressaltar.

O que desejava mesmo é que as pessoas soltassem suas máscaras durante o ano inteiro, sabe?

Se prestar atenção, estamos fantasiados o tempo todo.

Somos sérios, focados, determinados. Usamos as roupas corretas em momentos específicos.

Tem a roupa do trabalho, a da festa, a da moda.

Seus colegas de trabalho jamais sairão para almoçar com você caso não esteja dentro do padrão conveniente. Isso, claro, se ainda conseguir se manter em seu emprego se não se vestir, se pentear ou se comportar como a norma, ou seja, se você não for "normal".

Mas, no Carnaval, não. Essa é a hora de mostrar o que tem dentro de si mesmo. E, por incrível que pareça, quanto menos normal você for, mais vão admirá-lo.

Isso não é muito curioso?

Agora, imagine comigo como seria o dia a dia, fora do Carnaval, se a gente entrasse no metrô e visse um Super-Homem lendo o jornal em um canto, uma bailarina toda colorida sentada, olhando o celular, um Super Mario de olhos fechados, escutando música no fone de ouvido e segurando uma pasta de documentos a caminho de mais um dia no escritório?

Ao olhar para o outro lado do vagão, veríamos pessoas maquiadas de purpurina, usando combinações de cores inesperadas ou vestidas para satirizar o momento atual.

Ah... Seria tão bom ver desconhecidos se abraçando, pulando em rodas e fazendo elogios quaisquer:

"Seu cabelo está demais!"; "Amei sua saia!"; "Uau, você arrasou na criatividade!"; "Vem dançar comigo?"

Percebe? Pessoas comuns, indo para o trabalho, totalmente sãs, mas simplesmente parando umas na frente das outras, dançando com as mãos para o alto, balançando o esqueleto, cantando "Viveeeeer, e não ter a vergonha de ser feliz, cantar e cantar e cantar a beleza de ser um eterno aprendiz". Então se abraçam, e saem, cada uma para o seu lado, em direção ao trabalho. Um sonho, né?

Por isso amo o Carnaval! Celebramos a união das

diferenças, somos mais bonitos e lotamos as ruas de alegria quando usamos fantasias tão distintas umas das outras.

Somos mais felizes quando deixamos nossas luzes e nossas cores brilharem sem o medo do julgamento.

Acho que, no fundo, todo mundo espera o ano inteiro para ver o louco que vive dentro de cada um cantar a melhor expressão de si mesmo.

Se víssemos algo assim nas ruas em plena segunda-feira, indo para o trabalho, chamaríamos as pessoas de loucas.

Estranho é chamar de louco quem abraça, beija, se monta, colore o rosto, se fantasia, se expressa em suas roupas e apetrechos, canta e dança mesmo debaixo de chuva, sem ligar para o cabelo desfeito e os pés encharcados.

Imagina então olhar para as pessoas com ternos monocromáticos, vestidos escuros, cabelos idênticos, a cabeça baixa, olhando para o celular, como um monte de robôs.

Não são loucos, tá? Esses são os normais.

Bem, sei que é difícil que meu sonho se torne realidade.

Já que não convém nos fantasiarmos no dia a dia, podemos ao menos nos lembrar de como somos mais abertos, mais felizes, mais coloridos, mais afetivos e mais abertos às diferenças durante o Carnaval.

Então que tal aplicar ao restante do ano essa felicidade, esse canto solto, os abraços mais frequentes e espontâneos?

Cá entre nós, podemos, sim, nos permitir e tirar essas máscaras da sociedade "normal".

Por que não cantar mentalmente o ano inteiro, como se uma bateria de anjos nos guiasse, que sim, queremos "viver sem ter a vergonha de ser feliz" e que, mesmo em silêncio, podemos "cantar e cantar e cantar", sem jamais esquecer a beleza de sermos eternos aprendizes.

14
O que mais aprendo com minha avó de 103 anos

Minha avó tem 103 anos e está lúcida, saudável, firme e forte.

Dia desses, viajou de Minas Gerais para Florianópolis, e nos emocionamos com as fotos dela curtindo a praia.

Ela é uma mulher tão inspiradora!

Em nosso último encontro, em Minas, conversamos muito sobre os segredos de se manter bem mental e fisicamente.

"Vó, a senhora é motivo de estudo científico", eu disse.

"Que nada", ela retrucou, dizendo ser o resultado de uma prática diária bem simples, muito mais eficiente do que qualquer método científico.

Para ela, basta prestar atenção em alguns detalhes simples e rotineiros do dia a dia. A vida vai longe.

Nessa conversa, ela me revelou alguns de seus segredos. De um deles me recordo desde criança, e ela o reafirmou.

Ela sempre – quero dizer, desde que me conheço por gente – diz que só quer viver até quando Deus a quiser saudável e sem dar trabalho para ninguém.

Esse é um ensinamento grandioso, pois ela não passou a dizer isso apenas depois de estar bem velhinha, não.

Minha vó sempre mentalizou e verbalizou essa intenção

de ser saudável até o último momento. Ela criou seu próprio destino como mulher forte, independente e sem o menor traço de vitimização.

Os pensamentos dela de se ver bem e saudável talvez tenham criado uma energia tão forte, tão concreta, que afastou situações de má saúde, de fragilidade e de dependências básicas de outras pessoas.

Gosto de imaginar que tal maneira de se ver no futuro tenha a energia necessária para se materializar.

Outro sábio ensinamento tem a ver com a boca.

Segundo ela, precisamos tomar cuidado com o que colocamos para dentro e o que colocamos para fora da boca.

Comer de forma saudável e somente o necessário parece mesmo ser um dos grandes segredos, comprovado inclusive pela ciência. Nunca se deve comer demais, a ponto de deixar o corpo estressado na digestão de substâncias desnecessárias.

O que sai da boca pode ser um elixir ou um veneno devastador para a sua vida.

Disso me recordo bem também. Não me lembro de ver minha avó fazendo fofocas e falando mal de outras pessoas.

Já vi, sim, outros familiares ao redor da mesa falando mal de quem não estava presente. Ah, já vi muito, afinal, qual família não passa por isso, não é?

Mas minha avó sempre esteve ali, fazendo companhia, mas quietinha e sem colocar lenha na fogueira.

Ela sempre diz que não existe benefício algum em falar coisas ruins, fofocar, tentar alimentar o próprio ego colocando alguém para baixo. Sábia!

Fica aqui a dica, e você a use se quiser, mas não conte a ninguém que lhe revelaram esse segredo, ok?

Quer saber mais um?

Ela não para!

Aos 103 anos, ainda briga com quem não a deixa tirar a mesa do almoço e depois lavar a louça.

Ela sempre foi muito ativa. Deixar a mente ocupada e o físico em movimento é fundamental para viver bem.

Muitas pessoas, com o avançar da idade, se entregam à TV, ficam sedentárias e parecem desistir do ato de viver cada momento. E o que é pior: nem percebem o que estão fazendo.

Acho que minha avó gosta de assistir novelas, mas nunca a vi nervosa com o noticiário, ou transtornada com a violência diária. Ao contrário, sempre me lembro da imagem dela com seu oratório ao lado da cama, dizendo que reza para todos os filhos, netos, bisnetos, tataranetos... Ela sempre nos abençoa como se tivesse ligação direta com uma força superior, trazendo luz para todos.

Entende um pouco o que podemos aprender com quem está vivendo bem por tantos anos?

É simples.

"Nossa, Lufe, mas ela parece uma santa", você deve estar pensando.

Que nada.

Os filhos dizem que ela era osso duro de roer, viu?

Que era bastante rígida na hora de pôr ordem na casa, coordenando doze crianças ao mesmo tempo, mais alguns agregados e parentes que estavam sempre ali.

Acha que era fácil?

É, na verdade, talvez minha vó seja mesmo especial por ser mulher com M maiúsculo, ou seja, uma mulher comum, como tantas outras, mas com a sabedoria de que viver bem é valorizar o aqui e o agora, sempre em sintonia com o que há de mais abençoado.

Miniférias

Esse é um dos preceitos que mais amo e que mais pratico em minha vida.

Desde que entendi como as miniférias podem agir positivamente na rotina, nunca mais parei de usufruir e colher seus benefícios.

E sabe o que é melhor?

Isso pode ser praticado hoje mesmo, de onde você está e quase sem custo.

Sempre reparei como a maioria das pessoas passa o ano inteiro trabalhando duro, muitas vezes em coisas que não gostam, esperando seu mês de folga.

Isso quando conseguem viajar, pois está cada dia mais caro e mais lotado, seja lá onde for.

E se eu disser que você pode tirar férias hoje mesmo e quase todos os dias do ano?

Eu faço isso, e vou te contar como.

Primeiro, um simples segredo que muda tudo:

Para tirar férias perfeitas, revigorantes e inesquecíveis, precisamos de treinamento.

Sim! Acredite, precisamos praticar constantemente para saber como aproveitar nosso tempo de descanso.

Ou você ainda acha que é só pagar o pacote da agência de turismo para, como num passe de mágica, conseguir aproveitar o que o lugar tem a oferecer de melhor?

Não. É preciso treinar, mas o melhor é que isso é tão maravilhoso quanto as férias em si. Então, quanto mais você praticar, mais vai amar a experiência.

Pare agora e pense nas coisas que você mais amaria fazer nas férias ideais. Vou elencar aqui o que eu gosto:

- adoro sentar em um café e ver as pessoas passando;
- gosto de experimentar as comidas locais, sentir sabores diferentes;
- amo visitar lugares em que nunca fui, museus em que nunca entrei, igrejas em que nunca rezei, conhecer ruas e bairros onde nunca estive;
- as diferentes culturas me encantam. As danças, as roupas, os artesanatos, as pessoas;
- conversar com os locais me faz sentir viajando de verdade;
- olhar no mapa e escolher uma nova área da cidade para conhecer.

Com esses exemplos acima, em cada momento livre que tiver, você já pode começar a treinar e a aproveitar sua própria cidade e redondezas.

Use seu intervalo de almoço para pesquisar os diferentes restaurantes que existem na cidade. Ao invés de almoçar no mesmo lugar com seus colegas de trabalho ou de sempre comer assistindo ao noticiário, vá até esses lugares e comece a acostumar seu paladar a novas experiências. Se não puder ir até eles, aprenda receitas novas e faça uma comida diferente ao menos um dia durante a semana, mude o lugar onde está acostumado a comer, coloque uma música, sinta o momento. Se você só come a mesma coisa e nunca arrisca ser surpreendido por novos sabores, como acha que poderá se encantar e se permitir experimentar pratos diferentes?

Adoro descobrir restaurantes simples, de imigrantes, de pessoas mais velhas que cozinham há anos, que muitas vezes nem falam a nossa língua. Esses são os melhores.

Foi assim que descobri as empanadas bolivianas, a comida tailandesa, a culinária coreana, os pratos quentes japoneses, a deliciosa culinária africana de vários países, assim como os pratos da Amazônia, do Pará, de Minas, do cerrado...

Quer uma ideia bem simples?

Leve sua comidinha de casa em uma marmita, ou faça um sanduíche, e estenda uma toalha em algum parque ou praça bonita. Fique ali relaxando um pouco, observando as árvores, os pássaros, sentindo o vento.

Amo fazer isso nas férias e, quando posso, no meu dia a dia também, sabia?

Por que esperar por uma viagem se é possível experimentar isso perto de você?

Além de treinar, você já se sente de férias. Uma atitude poderosa para relaxar a mente e a alma.

Vamos pensar no quanto é incrível conhecer pontos turísticos.

Mas será que já conhecemos os lugares mais visitados da nossa cidade? Se sim, conseguimos ir até eles às vezes e aproveitá-los com calma?

Imagine que você descubra uma igreja em que nunca foi e decida conhecê-la no próximo final de semana, ou que resolva acordar mais cedo e ir visitá-la em um dia qualquer, só pela vontade de começar bem o dia?

Só o fato de estar lá, tirar fotos, fazer uma oração, observar a arquitetura, já é uma ação superpositiva para o cérebro.

E você pode fazer isso com museus, galerias, feirinhas ou com bairros inteiros da sua própria cidade. Certamente existe uma infinidade de lugares que podemos aproveitar nas redondezas.

Quando sair do trabalho, por exemplo, pegue uma rua diferente, veja como é o comércio, converse com um lojista. Seja curioso.

Prometo que, fazendo isso por uma hora algumas vezes por semana, sua mente já vai começar a entender que não é preciso esperar para ser feliz só no mês das férias.

O dia a dia pode ser, sim, uma constante miniférias.

Sem falar a aventura que é desvendar o mapa da sua cidade, descobrir quais transportes públicos podem te levar para cada lugar.

Quem sabe na hora do almoço você pegue um sanduíche e entre em uma linha de ônibus, chegue até o ponto final e volte, só para ver a cidade passando pela janela? Ou pegue o metrô, desça em alguma estação desconhecida e rode por um novo bairro?

Entende o conceito?

Pesquisando, você pode encontrar um grupo de dança que ensaia durante o seu tempo livre e simplesmente se programar para ir assistir. Olha que simples e engrandecedor!

De quebra, ainda terá a oportunidade de conversar com pessoas que valorizam aquela cultura diferente da sua e aprender muito com tudo isso.

Você também pode ir a outros tipos de ensaio ou mesmo assistir documentários que te apresentem novas culturas.

Sim!

Acredite, essa é uma forma de viajar sem ter que gastar com passagens aéreas, hotéis e toda a infraestrutura necessária. E o melhor, sem ter que esperar tanto.

Desde que comecei a falar sobre isso com amigos próximos, recebo fotos deles curtindo momentos únicos em pleno dia de semana, voltando renovados para o trabalho.

Acredita que eles eram enviados para reuniões em cidades paradisíacas e simplesmente iam direto do aeroporto para o local da reunião? Então resolviam problemas pelo celular, de cabeça baixa dentro do táxi, sem olhar para fora, e seguiam para almoços ou jantares de negócios em lugares que deveriam ser práticos. No dia seguinte, acordavam e tomavam um café da manhã genérico no próprio hotel antes de voltarem para casa.

Oi?

Eu ficava muito bravo.

Agora, seguindo meu conselho das miniférias, eles se programam para fazer tudo que precisam do trabalho, mas também se dão a oportunidade de vivenciar o tempo livre dessas viagens.

Nem que seja somente por quinze minutos, comendo alguma coisa em uma padaria e batendo papo com o atendente, em vez de ficar calado ou só falando de negócios.

Essa é uma dica milagrosa que você pode pôr em prática sempre que possível.

Sua mente vai agradecer quando você se sentir mais relaxado, mais feliz, mais consciente de onde se encontra e, principalmente, quando entender que precisamos viver intensamente os 365 dias do ano.

Então, por favor, pare essa leitura agora e continue apenas quando chegar a algum lugar especial ou inédito para você. Combinado?

16 A teoria do lavabo

Eu, como fotógrafo e produtor de conteúdo de decoração e arquitetura, estou sempre entrando na casa das pessoas.

E não vou fingir que não reparo, afinal de contas, esse é meu trabalho e minha paixão, ou seja, já chego notando – o que é diferente de julgar.

Gosto de descobrir o morador através dos detalhes da casa.

Nada está certo, nada está errado.

É apenas um reflexo do momento que aquelas pessoas estão vivendo, e é exatamente isso que me encanta.

Agora, depois de tanto fotografar, desenvolvi uma teoria ótima. Vou te contar.

Você tem lavabo em casa?

Se sim, vai ficar mais fácil de entender, mas, se não, imagine outro cômodo e aplique a mesma teoria.

Normalmente, quando chego para fotografar o lavabo, quero morar para sempre ali dentro.

Tudo de melhor que uma casa pode ter está no lavabo.

Tem papel de parede lindo, estampado, assinado, colorido.

Alguns têm até lustres de cristal. Sim, eu já vi, e não foram poucos!

Há também aqueles com quadros, fotografias penduradas. Até esculturas de artistas renomados eu já vi no lavabo.

Quase sempre tem vasos com flores e aromatizadores de ambientes com perfumes incríveis.

É normal ter o melhor sabonete do mundo, o mais perfumado e sedoso. Se for líquido, a marca costuma estar bem exposta, algumas vezes em letra dourada, e, se já tivemos a curiosidade de ver nas lojas, não são nada baratos.

A luz é sempre amarelada, charmosa, indireta, fazendo a gente se sentir lindo ali dentro.

E enxugar as mãos, então?

Quem nunca ficou com dó de usar aquelas toalhinhas engomadas, com bordados de pérolas e flores?

Eu?

Prefiro enxugar na camiseta do que estragar aquela decoração!

Imagina? Aquilo não foi feito pra secar as mãos, não é verdade?

Enxugo na roupa mesmo, e deixo o lavabo tão perfeito quanto estava quando entrei.

Vou seguindo com as fotografias e já na expectativa de chegar ao banheiro principal.

Se o lavabo é aquela maravilha, imagina a suíte?

Deve ser um escândalo!

Pois é aí que a teoria do lavabo bate à porta.

Quando chego às suítes, quase caio para trás.

Elas são, na maioria das vezes, brancas, neutras, sem vida. É um horror.

Não, espera. Elas são lindas também, mas digo no sentido de que falta carinho com quem usa.

A luz é branca como a de um hospital, e, quando encontro aquele espaço organizado, penso se os moradores não o arrumaram só porque fui fotografar. Às vezes até vejo uma bandeja com perfumes, uma florzinha no vaso, mas está na cara que não é assim no dia a dia.

É aí, então, que entra a teoria do lavabo.

Se o seu lavabo é mais bonito, mais bem-cuidado e mais cheio de vida do que o seu banheiro pessoal, este é um alerta para o qual você precisa se atentar.

Talvez boa parte da decoração da sua casa – e isso tem a ver com vários aspectos da sua vida – seja projetada para agradar e impressionar as visitas, ou seja, quem te vê de fora. Muito mais do que você cuidando de si mesmo.

Consegue entender?

Como pode um lavabo, que só é usado de vez em quando por quem nem mora ali, ser mais incrível do que o espaço que você usa todos os dias?

Será que você está se dando o valor que merece?

Se não tiver um lavabo, pense se a sua sala de visitas não está mais bem-cuidada do que o seu quarto, por exemplo.

Esses detalhes dizem muito sobre como nos cuidamos. Tratar a nós mesmos de forma carinhosa é muito mais importante do que impressionar quem nos olha de fora.

Quando nos valorizamos em primeiro lugar – o que é bem diferente de ser egocêntrico ou egoísta –, uma energia boa passa a nos cercar, e nossa casa reflete isso de uma forma iluminada.

A casa é um espelho de nós mesmos.

A vida muda quando nos presenteamos dia a dia com carinho e cuidado, sem nos preocuparmos em ter apenas uma imagem para agradar aos outros.

Faz sentido?

Se tudo der certo

É impressionante como nos deixamos aprisionar dentro de caixinhas que a sociedade impõe.

O pior é não se dar conta disso e achar que não estamos acorrentados por tais limitações.

Felizes os que percebem a situação e começam sua jornada para fora da caixa, rumo a uma mente mais aberta e livre.

Uma dessas caixinhas na qual estamos afundados até o pescoço é a ideia da juventude eterna ou da constante busca por manter uma fisionomia jovial. Pare e pense.

Isso nos é imposto a todo minuto, sobretudo para as mulheres, nas mídias, nas conversas entre amigos, na publicidade.

É uma caixa difícil de sair. E acho isso um desperdício.

Desde criança, eu amava ter amigos mais velhos e adorava conversar com os idosos. Eles eram, para mim, um poço de conhecimento e aprendizados concretos sobre a vida.

Quer coisa mais simples?

Alguém com uma experiência enorme para te dizer o que aprendeu pelo caminho?

Verdadeiros mestres vivos, que podem me ensinar de mão beijada o que pode ou não dar certo na minha trajetória? Óbvio que sempre quis ser amigo deles!

Quando criança, isso era como nos filmes para mim: nós, os jovens aventureiros, encontrávamos um ancião barbudo da montanha, ou uma senhora sábia da floresta, e eles nos contavam, por meio de enigmas, segredos que nos ajudariam a encontrar nosso destino e a enfrentar os grandes desafios que surgiriam pelo caminho.

Jamais desperdicei essas oportunidades e sempre usei tudo o que aprendi em minhas decisões. Sou assim até hoje.

Imagina quantos erros básicos poderíamos evitar se fôssemos humildes o bastante para ouvir uma pessoa mais velha sem considerá-la apenas alguém do passado, mas sim alguém com um passado.

A sabedoria em forma de memórias.

Mas acha que estou falando apenas dos idosos? Não!

Acredite, uma jovem de 15 anos pode achar uma mulher de 29 muito velha e ultrapassada.

Vivemos uma ditadura da juventude, mas o pior não são os inexperientes jovens que acreditam nisso, mas como essa caixa ilusória é tão poderosa que faz até os mais velhos se renderem a esse absurdo.

Sabe quando dizem algo do tipo "Isso não é do meu tempo" ou "Na minha época não tinha isso"?

Se a pessoa está viva hoje, como pode? Esse também é o seu tempo.

Se você está respirando, se está habitando esse mundo nesse minuto... esta época também é sua.

Só existe uma certeza nisso, a meu ver. A de que os mais velhos tiveram a bênção de viver todos esses anos para chegarem até ali.

Agora, vou te perguntar uma coisa:

Quem disse que um jovem vai necessariamente chegar a uma idade mais avançada do que a sua, hein?

Se tudo der certo, você vai envelhecer.

E, sim, envelhecer é um sinal de que tudo deu certo.

De que você viveu.

Um milagre acontece quando nos enxergarmos belos em todas as idades, quando saímos da caixa da "pele sempre lisa".

Ao nos jogarmos para fora desse pensamento limitante, começamos a nos amar de verdade, a valorizar nossa jornada pessoal no momento presente. É aí que está o segredo.

A fonte da juventude não está na cara de novinho, mas em viver cada história com intensidade.

Quando vivemos o aqui e o agora, sempre rejuvenescemos e brilhamos em nossa melhor versão, independentemente de quantos anos se passaram.

Cada idade tem uma beleza que não se compara.

Como podemos aceitar a imposição de uma constante juventude artificial e, ao mesmo tempo, desejar viver muitos e muitos anos?

Uma coisa não combina com a outra.

Quem nunca quis ter vinte e poucos anos outra vez, mas com a mente de hoje em dia?

Isso mostra o quanto amamos e preferimos quem somos agora.

Viu?

Você não quer ser jovem com a cabeça de ontem.

Então abandone a escravidão da aparência, pois ser jovem é muito mais do que isso.

Por anos, ficamos presos a essa caixa limitante associada à beleza e à busca por um físico perfeito, mas o segredo está em quebrar essas barreiras impostas.

Talvez a harmonia e o equilíbrio entre nossa mente atual e nosso corpo real, em sintonia com um eterno momento presente, seja, enfim, a verdadeira fonte da juventude.

18
Muitas vidas em uma só

Sim, podemos viver várias vidas em uma só, já parou para pensar nisso?

Muitas vezes reclamamos de como a rotina nos desgasta ou entristece, mas, para seguirmos um caminho diferente, basta nos lembrarmos dessa lei básica da natureza: somos diversos, interna e externamente.

Quantas vezes já nos perguntaram: "Quem é você? O que você faz?", e respondemos dizendo nossa profissão ou onde trabalhamos?

Sem contar aqueles que trabalham em grandes corporações e passam a usar o nome da empresa como uma espécie de sobrenome: "Oi, aqui é o João da empresa tal" ou "Quero te apresentar minha amiga, a Maria da Revista X".

Já reparou nisso?

Seu nome passa a ser o nome de uma empresa que nem é sua!

Quer rótulo mais limitante para cada um de nós?

Primeiro porque você provavelmente passa oito horas por dia nesse lugar, ou seja, você vive o dobro, dezesseis horas, em outra vida que não é o seu emprego. E, segundo, porque um dia a economia pode mudar, ou seu chefe acordar virado, e bum!, esse seu sobrenome já era.

Quantos você conhece que perderam o emprego de repente e entraram em uma crise de identidade? Mais até do que financeiro, o impacto foi no sobrenome, no crachá, no modo como aquela pessoa se via.

É sobre isso que estou falando. É sobre não nos agarrarmos a determinadas situações simplesmente por desconhecermos as possibilidades que podem se abrir quando temos a chance de experimentar o novo.

Nada me perturba mais do que ver alguém achar que deve ser uma coisa só nessa vida, sabe?

Aquele tipo de fala: "Ah, sou assim porque sempre fui, porque meus pais sempre foram, porque meus amigos são, porque a vida é assim", ou "Se eu mudar as pessoas vão estranhar, pois todos já se acostumaram comigo assim".

Socorro!

Como gosto de dizer, não temos tempo para rascunhos, mas podemos viver várias vidas em uma só. SIM!

Adoro dizer que sou mutante. Falo isso desde criança.

Vou passar a vida toda me divertindo com tudo que aquecer meu coração naquele momento.

Às vezes, ficamos presos em relacionamentos que já não nos fazem felizes como antes. Quando não estamos satisfeitos, acredite, o outro também não está.

Posso parecer inocente, mas sempre fiz isso e funcionou – ou seja, me tornei amigo da pessoa.

Se esperar chegar até a gota d'água para explodir, ou se decidir trair, a história muda por completo. Então, uma pessoa que você amou pode se tornar sua inimiga.

Conheço milhares de casais que se separaram e continuaram amigos justamente por não acreditarem nessa história de que "ex deve sumir da sua vida". Essas pessoas tomaram a decisão de viver novas vidas antes de chegarem ao limite.

Basta abrir a mente.

Não se sente feliz com sua qualidade de vida?

Tente uma nova alimentação dentro do que você deseja, mude a rotina, faça novos amigos, conheça pessoas mais alinhadas aos seus novos interesses. De repente, você se sentirá melhor.

Vamos supor que você esteja cansado de viver em grandes cidades.

Busque uma forma de trabalhar e viver no ritmo de uma cidade menor, seja nas montanhas, na praia, na fazenda.

Só não vale fazer uma coisa que acho um tiro no pé:

Quando alguém diz que quer tanto mudar, mas, ao chegar lá, vive reclamando por não ter mais tudo o que tinha antes.

Só para citar um exemplo, imagine alguém que sai de uma grande metrópole, muda-se para uma cidade de três ruas e muitas fazendas e vive reclamando que não tem supermercado 24 horas. Acho isso engraçado.

Então, se quiser mudar, mude por inteiro, sintonizando-se com a energia real daquele novo lugar ou do seu novo estilo de vida.

Agora, as vidas que podemos realmente viver não estão relacionadas apenas a lugares e a empregos, e sim à imensa diversidade que naturalmente existe dentro de nós.

Podemos atuar em diversas carreiras, pois somos dotados de muitos talentos. Basta se permitir e reconhecer isso dentro de si.

Para cada profissão vivida, lembre-se da dedicação e do amor.

Eu, por exemplo, já trabalhei como engenheiro

estagiário, como diretor de programa de TV, como diretor de marketing, como fotógrafo, como comunicador digital, e não vou parar nunca. Afinal, estou aqui escrevendo este livro para você.

A cada nova história que decido criar para a minha vida, trabalho como se não houvesse amanhã para torná-la realidade.

É possível que hoje eu queira namorar e amanhã me casar, mas também pode acontecer de eu apenas querer morar perto e nunca dividir o mesmo teto.

Há momentos em que as mães precisam se dedicar mais à criação dos filhos, mas há outros em que os filhos voam para o mundo e, então, elas precisam se dedicar a si mesmas, a uma vida nova.

E se um dia juntar dinheiro era prioridade, hoje os bens materiais podem não importar tanto, pois há uma nova turma de amigos, novas conversas, novas formas de ver o mundo.

Eu proponho essa reflexão como algo simples, que não exija chutar a porta ou romper valores importantes.

Quando entendemos que temos o poder da autotransformação constante em nossas vidas, começamos a curtir cada estágio, cada nova oportunidade, cada novo eu.

A ideia é ficarmos velhinhos e poder contar, felizes, tudo o que fizemos na vida, todas as oportunidades não desperdiçadas. É poder lembrar que demos vida às nossas personas internas sem medos, sem limitações.

Quando assumimos essa atitude, despertamos uma espécie de farol pessoal que ilumina os caminhos em direção aos nossos desejos.

Cabe a nós saber percorrê-los com confiança, valorizando as vivências e os aprendizados abençoados que nos fazem um eu gigante repleto de "mini" eus felizes e realizados.

19
Tem tudo que você quiser, e tem muito

Quando planejava me mudar do Brasil para a Inglaterra, alguém me disse algo importantíssimo:
"Em Londres tem tudo que você quiser, e tem muito."
Naquele momento, ainda que eu não tivesse me dado conta, a pessoa me deu uma luz, um poder fortíssimo.

Hoje entendo que me foi revelado um segredo para ser bem-sucedido não só na Inglaterra, mas por onde quer que eu fosse.

Eu morava, naquela época, em Florianópolis, Santa Catarina. Uma capital que é uma ilha paradisíaca, com 42 praias belíssimas, e eu estava muito bem estabelecido profissionalmente.

Sair de um lugar azul como aquele para outra ilha, dessa vez fria e cinza, parecia, aos olhos de muitos, um erro enorme.

Ouvia dos amigos próximos que minha decisão não era a mais correta, que talvez a Austrália fosse mais fácil de se adaptar.

Imagina?

Acho raso o pensamento de que só encontraria a felicidade em ambientes semelhantes aos que já conheço.

Logo eu, que amo desafios e novas realidades que me façam evoluir como pessoa.

Além disso, a Inglaterra estava no centro do mundo, e para mim, naquela época, isso já era mais atrativo do que um céu sempre azul.

Mas preciso admitir que eu era apaixonado por cada detalhe da beleza natural da ilha de Santa Catarina e que, muitas vezes, sentia-me receoso de largar tudo aquilo para viver uma aventura em um país gelado.

Faltando pouco mais de um mês para a viagem, fui a uma festa no bar de um amigo. Foi quando ele me apresentou uma conhecida que morou em Londres e havia acabado de voltar ao Brasil.

Claro que aproveitei para conversar um pouco sobre o dia a dia da cidade, e foi aí que ela me disse a importante frase que se tornaria um mantra na minha vida:

"Em Londres tem tudo que você quiser, e tem muito!"

Uau!

Lembro que fiquei hipnotizado, tentando absorver todo o aprendizado que ela tinha adquirido em sua experiência.

Agora, você deve estar pensando: "E o que tem lá?".

Fala a verdade!

Supermercados 24 horas em cada esquina, comidas de vários países, todas as novidades em tecnologia, as melhores exposições de arte, mercados encantadores, artistas variados e muito mais.

Acho que, enquanto me contava, ela pensou nessas mesmas coisas que citei agora, mas eu, que estou sempre em busca de sinais reveladores, compreendi essa fala como algo muito, muito maior.

Vou repetir:

Tem tudo que você quiser, e tem muito!

Opa, tem tudo que eu quiser?
E tem muito?
Então, qual o segredo?
Simples: saber o que eu queria.

E o que você acha que eu queria, um mercado 24 horas ou uma grande descoberta pessoal?

Os inúmeros restaurantes dos mais variados países ou os mais lindos sinais e aprendizados que me conduziriam dali para a frente?

A partir daquele momento, só me concentrava no que eu queria e que certamente teria – e teria muito.

Esse é o segredo.

Saber o que queremos nos dá um poder imenso para abrir os caminhos e aguça nosso olhar para que possamos reconhecer quando chegamos ao destino.

Eu queria oportunidades de evolução pessoal, profissional e espiritual durante minha estadia por lá. E eu tive, e tive muito.

Eu queria circular com segurança, ser bem recebido pelas pessoas, pela cidade, e só me expor a situações que seriam positivas para mim. Eu tive isso, e tive muito.

Eu queria viver anos intensamente proveitosos para a minha história, que me fizessem evoluir a ponto de, um dia, me permitir compartilhá-la com quem quisesse. Eu vivi, eu aprendi, e ainda compartilho.

Então, quando voltei ao Brasil, escolhi ir para São Paulo, uma cidade imensa, dura, onde eu conhecia somente umas três pessoas e não tinha nenhum grande vínculo.

Muita gente me dizia que o mercado de fotografia na capital paulista era extremamente competitivo, e que, como eu não conhecia ninguém e não era de nenhuma "turma", enfrentaria uma dificuldade quase intransponível para ser bem-sucedido.

O que pensei, então, quando cheguei em São Paulo? Tem tudo que eu quiser, e tem muito.

O segredo era saber o que eu queria, pois de resto, bem, de resto só tenho a agradecer por anos sendo acolhido de braços abertos pelas pessoas, pelas oportunidades e pelo reconhecimento de que pertenço não só a São Paulo, mas a onde eu decidir estar.

E você?

O que você quer?

Pois te afirmo que tem, e tem muito!

20
Encontro com meu "eu futuro"

Gosto muito de ouvir pessoas sábias, pois acredito ser uma maneira de absorver aprendizados preciosos sobre a vida.

Se há alguma coisa em comum naquilo que tantos mestres que já passaram em minha vida disseram, é a certeza de que nos tornamos aquilo que desejamos.

Nunca duvidei desse ensinamento e reconheço a importância de saber visualizar a mim mesmo, criando a imagem da pessoa que desejo me tornar em um futuro próximo.

Aprendi que existe uma conexão nossa, interna, pessoal, espiritual, com uma força criadora.

Tal força é como uma luz que abre os caminhos e concretiza nossos sonhos e desejos.

É sempre importante repetir: "Essa luz concretiza nossos sonhos e desejos".

Portanto, é primordial entender a base desse grande ensinamento: temos que ser precisos e inteligentes ao sonhar, pois tudo irá se manifestar como desejarmos.

A mente não sabe diferenciar um desejo real de uma brincadeira, de uma piada, sabia?

Por isso não é recomendado falar mal de si mesmo, ou fazer afirmações negativas como: "Sempre perco as coisas", "Tenho muito azar", "Adoeço facilmente" etc.

Desculpe te desapontar, mas, infelizmente, quando falamos coisas assim, elas tendem a se realizar, pois nossas palavras têm força criadora.

No entanto, o contrário também é válido: as coisas boas que dizemos sobre nós mesmos, os desejos positivos, mesmo que aparentemente impossíveis, tendem a se tornar realidade também.

Foi assim que vivi várias vezes um encontro comigo mesmo no futuro.

Vou te contar o que fiz e sugiro que, a partir de hoje, você pratique isso sempre em sua vida.

Primeiro passo:

Quando desejamos nos tornar a pessoa dos nossos sonhos, primeiro precisamos estabelecer uma comunhão perfeita entre a nossa luz interna e a luz que nos guia.

Você pode fazer isso através da meditação, de orações, de silêncios profundos que permitam que essa conexão ultrapasse limites físicos, colocando-o em plena harmonia com a criação.

Segundo passo:

Praticar esse estado perfeito de paz e sintonia. Sabe o que acontece nesse ponto?

Nosso desejo deixa de ser somente uma imagem mental, e cada projeção que fazemos de nós mesmos tem a força de uma manifestação real.

É como um gênio da lâmpada, capaz de aceitar nosso comando e simplesmente fazer acontecer, só que ainda em um plano diferente do material.

Quando nos imaginamos no futuro, esse novo "eu" passa a existir.

É como ter impressa na alma a certeza absoluta de que aquela visão futura de nós mesmos já é real.

O que quero dizer é que, ao desejarmos profundamente um novo "eu", ele passa a existir no universo.

Ele simplesmente nasce.

Tudo bem, mas aí você me pergunta: "Se ele já existe, por que ainda não sou ele?".

Porque existe uma única coisa que separa vocês dois: o tempo.

Então, o que esse "eu futuro" faz da vida?

Ele começa a te chamar.

Ele passa a criar situações ideais que encurtem a distância e o tempo entre vocês.

Ele deseja que o "você de hoje" chegue até o "você de amanhã" e o encontre exatamente como desejou.

Já passei por isso várias vezes, tanto que já tenho até um nome, sabia?

Sempre me refiro a esse "eu do amanhã" como Lufinho. Porque o imagino puro, como uma criança que acredita nesse poder, e ele está sempre me chamando, fazendo um movimento com as mãos, sorridente e confiante em um futuro cada vez melhor.

Mas e depois, o que devo fazer?

Depois de desejar com certeza e foco e de criar seu "eu futuro", mesmo levando sua vida normalmente, é preciso estar mais atento e seguir os sinais que vão se revelando.

Então um dia você simplesmente vai estar em casa, se arrumando para o trabalho naquela correria, e vai se olhar no espelho como faz todos os dias, mas, de repente, encontrará seu próprio olhar brilhando. Aí você vai rir sem parar ou chorar de alegria, pois vai perceber que aquela pessoa refletida na imagem é exatamente aquela que te chamou por todo esse tempo.

Você vai se reconhecer quando perceber que já se tornou a pessoa sonhada.

Vai se olhar e enxergar que trabalha no que mais ama, que está rodeado pelas pessoas que imaginou conviver, que mora na casa que sempre quis e que está com a saúde e o corpo que sua mente criou.

O você do futuro, então, terá se tornado o você de hoje.

Sabe o que é ainda mais belo e poderoso para mim?

É que, enquanto estou aqui escrevendo e compartilhando esse aprendizado com você, não paro de sonhar, e me sinto sendo guiado por um outro "eu do amanhã", que me espera lá na frente, do jeitinho que imagino nesse momento.

Eu o vejo lá no futuro tão feliz com nosso encontro quanto me sinto emocionado agora em saber que logo nos encontraremos.

Não é lindo?

Um dia isso vai acontecer na sua vida, e você se reconhecerá ao se olhar no espelho.

Nesse dia, entenderá que aprendeu o caminho e que pode seguir sempre em frente, promovendo encontros cada vez mais mágicos consigo mesmo.

Pedidor de abraços

Quando eu estava reformando meu apartamento pela segunda vez, após exatos sete anos desde o primeiro quebra-quebra, recebi um presente que me emocionou pelo seu significado.

Em um momento de renovações físicas e espirituais da minha vida, recebi um "Pedidor de abraços" feito pelos artistas do ateliê Armoriarte, de Caruaru, Pernambuco.

Ao abrir a caixa e ver pela primeira vez aquele pequeno ser de cerâmica me olhando com os bracinhos abertos, pensamentos profundos despertaram em mim: como estamos distantes de um dos mais poderosos e simples atos que podemos oferecer para elevar a energia de todos nós, o abraço.

Cheguei a viajar para Caruaru e gravar aquela casa-ateliê para mostrar os delicados "Pedidores de abraços". No vídeo, pergunto para o público: "Por que devemos distribuir abraços pelo mundo?".

O que você acha?

Por que devemos distribuir mais abraços entre os amigos, os desconhecidos, os que amamos e os que nem sabemos de onde são?

Quando distribuímos abraços, damos e recebemos amor

ao mesmo tempo. Desconstruímos distâncias irreais para valorizar encontros puros, nos quais duas energias parecem dizer, mesmo em silêncio, que juntos somos mais fortes.

Acho que esse pensamento precisa estar presente em nossas vidas diariamente. É preciso lembrar que podemos evoluir nos mais diferentes tipos de abraços.

Estamos, inclusive, vivendo um momento da história mundial em que somos proibidos de trocar justamente esse tipo de afeto tão caloroso e importante para nosso bem-estar emocional.

Mas talvez este seja um bom momento para compreendermos que o poder imenso de um abraço não está contido somente no encontro físico de dois corpos.

Acredito que um sorriso a distância para um desconhecido, um aceno de empatia, uma simples troca de olhares, como quem diz "Estou com você", são tipos diferentes de abraços. Têm o mesmo poder de elevar energias.

Certa manhã, mandei uma mensagem de áudio a um amigo que tinha acabado de estrear um projeto novo, e seu desempenho me trouxe muito orgulho. Era uma mensagem corriqueira, de incentivo, de admiração pelo que vi e por acreditar que ele estava no caminho certo.

Qual não foi minha surpresa quando recebi a resposta. Ele, emocionado, me contou que agora compreendia melhor o poder das palavras, pois havia recebido aquela mensagem como um verdadeiro abraço.

Entende?

Sabe aquelas pessoas de quem você gosta ou ama, mas esquece de mandar um "oi"? Aquele elogio simples que dura segundos para você, mas uma eternidade para quem o recebeu?

Esses "abraços" geram energias circulares, como se

fossem mesmo os nossos braços entrelaçados. Você abraça e é abraçado pelo universo.

Essas palavras que te escrevo aqui, no meio deste livro, são para nos lembrar que muitas das soluções que esperamos da vida podem estar contidas em tais atitudes.

Uma ação simples e silenciosa de amor puro é capaz de desencadear uma luz tão intensa de boas energias que aquilo que você tanto deseja pode surgir nos lugares mais inesperados.

Acredito que esses movimentos de amor geram ondas positivas que chacoalham energias adormecidas e acordam as mais lindas formas de retorno, muitas vezes imprevisíveis.

Pense nisso e desperte todas as suas formas de abraços milagrosos.

Onde está você por todos os lados

Muitos me perguntam como é fotografar as casas de tantas pessoas diferentes, com tantas histórias distintas, conseguindo trazer, por meio de imagens, o sentimento real de uma casa viva.

Essa é uma pergunta muito pertinente no mercado de arquitetura e decoração, pois trabalhamos sempre com tendências em design e inovações tecnológicas.

Desde que comecei a fotografar – e não falo aqui somente de casas, mas do meu primeiro clique –, meu olhar sempre foi para a humanidade contida na cena.

O engraçado é que, para aparecer na fotografia, a pessoa não precisa estar fisicamente ali.

Consegue me entender?

Quando trabalhei como fotógrafo de moda em Londres, lembro de ouvir um cliente dizer que a foto estava linda, mas que não conseguia ver o vestido todo.

Obviamente o interesse do contratante era o produto, mas eu acabei me interessando mais pela modelo, pelo seu olhar, pelo sentimento que ela me trazia, e não apenas pelo que ela estava usando.

Quem me contratou não estava errado. Eu é que me

encontrava em um ramo que não se conectava com a minha essência.

Percebi, naquele momento, que as pessoas e suas histórias é que me encantavam, e não simplesmente a foto pela foto.

Por meio de caminhos longos e naturais, acabei chegando à fotografia de decoração e arquitetura.

Quando comecei a trabalhar para revistas, o que eu sentia era muito parecido com o que vivi na época da fotografia de moda.

Onde está o humano daqui?

Claro, em cada peça eu via a capacidade dos designers de mobiliário, o talento dos arquitetos e das produtoras que deixavam as casas perfeitas para que eu simplesmente chegasse e fotografasse. Mas e quanto à pessoa que realmente habitava aquele lugar? Onde ela estava?

Entrei em uma crise profissional nessa época.

Foi então que surgiu o meu estilo de fotografar, a minha identidade profissional, a minha relação com as casas onde entro quase todos os dias.

Quando estou clicando ou filmando, atinjo um estado meditativo, me permito entrar em sintonia profunda com aquele lugar.

Sob esse sentimento de presença total, repito um mantra: "Onde está você por todos os lados?"

É assim que busco, em cada foto, a presença dos moradores, suas histórias, suas memórias afetivas, suas formas de se revelarem através dos ambientes que habitam.

Por mais que não haja ninguém ali posando para mim, posso sentir sua presença por meio dos objetos, das formas de organizar o espaço, dos pequenos detalhes, que não apenas deixam a foto mais bonita, mas enchem a casa de vida.

"Onde está você por todos os lados?"

Nossa casa é um espelho sincero de quem somos, nossa melhor psicóloga e terapeuta.

Agora, repare na sua casa. Você vai notar que ela diz muito sobre o seu estado de espírito atual: se você se cuida, se pensa no seu conforto, no seu bem-estar, se está em busca de algo interno ou simplesmente seguindo a moda para agradar as visitas.

Onde?

Na estante, nas lembranças de viagens, nos tapetes?

Nos porta-retratos, na despensa, na cozinha, nos vasos de plantas?

Onde está você?

Que histórias reais cada cantinho faz você se lembrar de si mesmo?

Onde está você por todos os lados?

Aqui em casa, às vezes me pego de pé, no meio do apartamento, olhando ao redor. Giro 360 graus e posso ver uma infinidade de pessoas, gestos, sorrisos, momentos, cidades, países. Lembro-me de gostos, de cheiros, de abraços.

Estou presente em cada pequeno cantinho da casa.

Isso é psicologicamente poderoso, pois nos dá a sensação de pertencimento, de autoconhecimento. Nos mostra como estamos vivendo nossos dias tão preciosos.

Então, hoje, quando estiver em casa, observe e perceba: "Onde está você por todos os lados?".

Se não estiver ainda, esteja o mais rápido possível.

Olhe ao redor e se reconheça.

Nívia

Tenho uma prima que amo demais. Na verdade, tenho várias primas, mas Nívia e eu temos um "grude" especial desde sempre.

A mãe dela é minha madrinha, e por isso eu sempre passava as férias com elas. Nossa infância foi marcada por momentos deliciosos.

Em nosso último encontro, Nívia se lembrou, emocionada, de uma das minhas passagens por sua casa.

Ela relembrou uma daquelas tardes quentes de verão em que nós dois, jogados no chão do seu quarto, falávamos sobre sonhos futuros.

Sobre o que gostaríamos de fazer quando crescêssemos.

Achei interessante ela me contar com tanta clareza a lembrança que ainda tem daquele dia, pois comprova quanto poder nós temos para realmente projetar o futuro de forma intensa.

Segundo ela, eu estava lá, deitado no chão de barriga para cima, os braços cruzados atrás da cabeça, olhando para o teto como se o universo estivesse ali, bem diante dos meus olhos.

Era como se eu estivesse imerso em uma visão de mim

mesmo no futuro ao mesmo tempo que confidenciava a ela uma mistura de desejo, sonho ou previsão do que eu de fato me tornaria.

Mesmo jovem, eu não dizia qual profissão teria ou qual carreira seguiria. Muito menos dizia qualquer coisa que me limitasse a algum tipo de trabalho.

Sabe o que eu disse a ela naquela tarde, jogado no chão com os olhos brilhando?

Disse que, quando eu crescesse, me tornaria um ser livre. Rodaria o mundo e estaria sempre disposto a conhecer novos países e novas culturas.

Em meus sonhos de adolescente, eu já me via como sou hoje.

Mas você acha que fiquei com isso na cabeça o tempo todo enquanto me tornava adulto?

Não.

Dediquei-me aos estudos, cresci, evolui, mas essa imagem, essa certeza absoluta de que eu precisava realizar aquele sonho estava impressa no meu DNA espiritual. Ou seja, já estava carimbada na energia divina de realização que aquela visão de mim mesmo se tornaria realidade.

É assim que as coisas acontecem.

Quando temos certeza absoluta da realização de um sonho, ele se concretiza. É assim que, às vezes, tomamos decisões sem muita explicação, ou seguimos caminhos específicos, ou nos envolvemos em projetos e relacionamentos aparentemente desconexos.

São os caminhos tortos que acabam nos levando a viver aquilo que, inicialmente, projetamos em pensamento.

Hoje sou essa pessoa que um dia sonhei ser.

Rodo livre pelo mundo e me sinto cada vez mais rodeado por culturas complementares à minha.

Um aprendizado importante que vem dessa vivência é que, se um dia, ainda bem jovem, sonhei em ser quem sou neste momento, então sonhar agora sem dúvida me levará a ser quem desejo no futuro.

Por maiores que sejam os imprevistos, desvios ou incertezas que apareçam nessa jornada, estamos destinados a ser amanhã aquele que construímos em pensamentos hoje.

Qual impacto você causa?

Dia desses fiz algo que nunca achei que faria quando comecei meu canal no YouTube.

Recebi uma pessoa totalmente desconhecida na minha casa, no meu templo pessoal, para um café da manhã.

Por mais simples que isso possa parecer, demanda um imenso desprendimento, pois estou abrindo minha intimidade para alguém de quem nada sei.

Como era uma seguidora do meu canal, com quem eu já havia conversado por mensagens, me senti confortável em recebê-la, pois sentia nela um amor latente e uma admiração sincera por mim e pelo meu trabalho.

Foi um encontro mágico. A Paloma é uma pessoa muito especial e cheia de luz.

Ela não só foi carinhosa como representou a essência dos seguidores do canal. Era como se cada um de vocês estivesse ali comigo.

Naquela linda euforia do nosso encontro, entre lágrimas, sorrisos e muitos abraços, ela insistiu em dizer que eu não tinha noção do bem que fazia às pessoas que me seguiam.

Segundo a Paloma, ainda não era possível que minha própria mente reconhecesse o impacto que eu promovia.

Aquilo ficou reverberando em minha consciência, e fui tentando entender o que significava aquele insistente "Você não tem noção mesmo".

Será que todos temos noção do impacto que causamos nas pessoas?

Não falo apenas sobre quem impacta por meio das redes sociais, mas sobre o impacto positivo e negativo que todos causamos nas pessoas que nos cercam, muitas vezes sem nos darmos conta.

É aí que eu te pergunto:

Já parou para pensar como suas atitudes podem tanto enaltecer e energizar quanto desencorajar e destruir a autoestima de alguém?

Quais são as palavras que você mais diz para a sua esposa ou para o seu marido? E como andam suas atitudes em relação aos filhos, amigos, vizinhos?

Já parou para pensar como será o resto do dia de um atendente que precisou aturar a falta de educação de algum cliente? E como seria esse dia se o cliente fosse positivo, alegre e educado?

Qual impacto causamos com pequenas atitudes e o quanto não temos noção disso?

Essa pergunta ficou na minha alma.

Se eu tivesse sido levado apenas pela vaidade, teria me achado o cara mais legal do mundo e aceitado aquele elogio como se eu fosse um ser iluminado e especial, mas não.

Aceitei o que ela disse quanto ao meu trabalho e às minhas palavras de incentivo nos vídeos, mas sou muito mais do que mostro nas redes sociais.

Sou mais parecido com você do que você imagina. Afinal, estamos todos suscetíveis a causar impactos positivos e negativos uns nos outros.

Paloma, a seguidora que achou que tomar café comigo era um presente para ela, acabou me dando um dos melhores presentes da minha vida.

Um convite para relembrar como somos responsáveis por aquilo que reverberamos.

Precisamos, a partir desse momento, estar atentos para causar mais impactos positivos do que negativos.

E você? Já parou para pensar nisso?

Qual onda você quer gerar?

Acredite: as ondas que você emite um dia voltam para você.

Desvantagem em vantagem

Esse talvez seja um dos mantras que mais amo praticar, por isso vou compartilhá-lo com você.

O melhor é que ninguém o ensinou para mim: aprendi com a vida e, ao usá-lo constantemente, comprovo os resultados dia após dia.

Ou será que li isso em algum livro há tantos anos que nem me lembro mais?

Não saberia dizer. Só sei que essa frase já é parte de mim, como se eu mesmo a tivesse criado. Acho que assimilar algo nessa intensidade é, também, um grande segredo para que tudo se realize.

Mas que mantra é esse?

"Que a minha desvantagem se torne a minha vantagem."

Diga em voz alta e analise o poder dessa afirmação.

Quantas vezes nos vemos em situações nada favoráveis? Quase todos os dias, não é?

Nem sempre as coisas acontecem como desejamos ou planejamos, certo?

Pois quando eu tinha uns vinte e poucos anos, comecei a praticar ativamente esse mantra.

Lembro da vez em que fui chamado à diretoria do

canal de TV em que trabalhava. Meu chefe estava furioso comigo, sentado atrás da mesa com sua postura imponente. Eu era, e acho que sempre serei, fora do padrão e audacioso. Imagine o efeito disso nos costumes das grandes corporações.

Eu era um talento, mas também um constante incômodo, sempre com ideias revolucionárias que rompiam com o estilo "seguro" da empresa.

Queria escolher apresentadores mais interessantes, que tivessem mais a acrescentar com suas personalidades do que somente com a beleza. Talvez hoje não seja mais assim, mas, naquela época, eles queriam que eu escolhesse pessoas fisicamente atraentes, enquanto eu sempre sugeria os mais diversos e talentosos, independentemente da aparência.

Na sala da diretoria, meu chefe estava vermelho de raiva, sem entender o porquê das minhas escolhas. Ele já havia decidido me demitir por não seguir a tradição e as regras impostas pela empresa.

Foi aí que tocou o telefone.

Enquanto ele atendia à ligação, um pensamento explodiu na minha mente.

"Que a minha desvantagem se torne a minha vantagem."

Isso é diferente de ser teimoso, de desejar algo por birra. Trata-se de acreditar que o que deve acontecer precisa ser o melhor para todos, e não só para si mesmo.

Enquanto meu chefe falava ao telefone, eu olhava para ele com um sorrisinho confiante.

"Que a minha desvantagem se torne a minha vantagem."

Quando desligou, nem me pergunte como, ele simplesmente colocou o fone no gancho, olhou para mim e disse que eu podia fazer o que estava propondo, mas que seria o único responsável pelas minhas escolhas.

Saí da sala da diretoria sem ser demitido e com o aval para seguir em frente.

Conclusão: os apresentadores escolhidos para aquele programa se tornaram os queridinhos de uma geração. Um deles, que por acaso era o que menos se enquadrava nos padrões exigidos pela emissora, se tornou uma de suas maiores estrelas.

Vou contar outra história. Quando eu não tinha dinheiro para fazer intercâmbio no exterior, essa desvantagem acabou gerando uma das maiores vantagens para concretizar esse sonho.

Eu estava conversando com o agente de viagens e percebi que os valores para um intercâmbio na Inglaterra eram proibitivos para mim. Quase desisti.

Mas como desistir não é muito meu perfil, entrei novamente em meditação:

"Que minha desvantagem se torne a minha vantagem."

Conto essa história em detalhes na série Espiral de Mudanças no meu canal do YouTube.

Em uma reviravolta inacreditável, eu, que já me via impossibilitado de viajar por falta de dinheiro, recebi do agente de viagens uma proposta para ter meu intercâmbio totalmente patrocinado. Em troca, eu trabalharia entrevistando outros estudantes intercambistas durante o período na Inglaterra.

Se eu tivesse o dinheiro, seria simples. Iria à agência, contrataria o pacote do curso, arcaria com as despesas e pronto. Chegaria na Inglaterra com todas as facilidades.

Mas, justamente por não ter o dinheiro – uma desvantagem –, tive a oportunidade de ser contratado para entrevistar outros intercambistas em troca de custos básicos como mensalidades escolares, passagens aéreas e seguros.

Era uma super vantagem, mas outra ainda maior estava a caminho.

Quando comecei as entrevistas, elas pareciam meio incompletas sem uma imagem do estudante. Precisava registrá-los em vídeo, mas não tinha dinheiro para comprar uma filmadora (naquela época, os celulares não eram como os de hoje). Também não sabia editar sozinho. Com os poucos recursos que tinha, só consegui uma câmera fotográfica de segunda mão em uma loja de usados.

O objetivo era simplesmente ter uma imagem que ilustrasse o que eu escrevia. Eu, que já trabalhei em uma emissora de TV, não tinha como produzir vídeos sozinho na Inglaterra, e jamais, em momento algum, imaginei que me tornaria fotógrafo. Eu sequer sabia manusear aquela câmera.

Minha desvantagem era só ter dinheiro para uma câmera fotográfica.

Minha vantagem?

Bem, se você me segue há algum tempo, já sabe que, por conta dessa desvantagem, me tornei o fotógrafo que sou hoje.

Quando mudamos o foco da desvantagem, passamos a enxergar de outra forma o que, à primeira vista, parece negativo. Abrimos a mente, reconhecendo ali uma oportunidade, uma vantagem.

Agindo assim, você permite o despertar de um valioso caminho positivo, mudando o curso das energias. Seus canais de percepção se aguçam, trazendo até você o que é seu por direito divino.

É tudo uma questão de sintonia com o lado que você deseja ver realizado em sua vida.

Que a sua desvantagem se torne uma grande vantagem na sua vida.

Sua criança interior

Como fotógrafo de decoração e arquitetura, visito casas e apartamentos diferentes quase todos os dias.

Estou sempre em busca de lugares com histórias e memórias afetivas, mas, entre as tantas que presencio diariamente, escolhi uma para compartilhar com você.

Certa vez, fui fotografar o apartamento de uma arquiteta. Ela tem um estilo de decoração que acredito ser o "ideal" – e isso foi bem antes de eu começar o projeto Life by Lufe.

As paredes eram lotadas de objetos coloridos, a sala cheia de garimpos, uma mistura deliciosa de móveis, tapetes e almofadas em que nada combinava e tudo se harmonizava perfeitamente.

Existia vida ali dentro. E vida bem vivida mesmo, sabe?

Ela não parava de sorrir e contar dos momentos especiais que cada objeto a fazia lembrar.

Foi um prazer ouvi-la falar com tanta paixão sobre como ela pensou os ambientes e os cantinhos cheios de significados daquele apartamento.

Quando cheguei à suíte, foi como se o sonho do banheiro ideal tivesse se concretizado.

Havia plantas, quadros, objetos de arte. A bancada e o espelho, enormes, foram feitos a partir de uma antiga penteadeira de madeira.

Fui tomado por uma emoção diferente, pura, muito positiva, quando vi uma foto colada no canto superior direito desse espelho.

Era uma foto antiga, em preto e branco, de uma criança sorridente.

Fiquei tão hipnotizado por aquela imagem que perguntei quem era a criança, imaginando se tratar de uma sobrinha, afilhada ou algo assim.

A resposta dela se transformou em um ensinamento que, desde então, levo para a vida.

A garota na foto era ela mesma quando criança.

"Eu coloquei essa foto aí para me lembrar, todos os dias ao acordar, de que preciso fazer minha criança interior feliz."

Uau!

Que simples e, ao mesmo tempo, que profundo.

Como é lindo receber um ensinamento tão grandioso em um momento inesperado, e de forma tão natural!

Isso me leva a te fazer uma pergunta: como anda o seu comprometimento com a sua criança interior?

Não a criança que você foi exatamente, com os momentos felizes ou infelizes que possa ter vivido, mas a alma da criança original, aquela que ainda vive dentro de você, encantada, sonhadora, curiosa, pura.

Essa criança interior pode nos ajudar muito em nossa vida atual, seja nos deixando mais leves, menos sérios, seja nos ajudando a enxergar aquilo que os adultos já não conseguem ver.

Gostei tanto dessa ideia que, hoje, também tenho uma foto minha quando criança ao lado da cama.

Ela sorri para mim como se me cobrasse, todos os dias, um compromisso que firmamos juntos.

Se um dia ela não foi feliz, chegou a hora de dar a felicidade que ela sempre mereceu.

Se foi a pura expressão do amor e da felicidade, chegou a hora de deixar essa luz brilhar e permanecer sempre acesa.

E você?

Escolha uma foto.

Que tal esse carinho de fazer sua criança interior mais feliz a cada dia?

Uma ótima anfitriã

Você já reparou no mundo como um todo?
Quero dizer, já parou para pensar na diversidade infinita que o nosso planeta apresenta?

Sabe quando assistimos àqueles programas sobre animais e plantas e, então, descobrimos algo novo na Terra?

Além da incrível diversidade de seres vivos, sejam eles aéreos, aquáticos ou terrestres, ainda temos inúmeras paisagens, formações geológicas, culturas, sabores, modas, comportamentos.

Vivemos em um planeta onde cada detalhe tem a sua beleza, sendo, ao mesmo tempo, bem diferentes.

Será que não estamos limitando nossa vida ao pouco que já sabemos?

Veja esse exemplo:

Eu imagino o nosso cérebro como ele é de fato, ou seja, um órgão do corpo humano. Assim como o pulmão, o rim, o coração.

Só que a função do cérebro é receber e guardar informações para, quando necessário, acessar esses conhecimentos conscientes ou subconscientes, reagindo de acordo com o que já absorveu.

Vamos supor que eu começasse a escrever em japonês aqui. Poucas pessoas compreenderiam, certo?

Na verdade, nem eu mesmo saberia escrever.

Mas isso significa que nosso cérebro é menos capaz do que o de quem fala japonês?

Não!

Significa apenas que ainda não aprendemos essa informação, por isso não fazemos ideia de como reagir. Não sabemos nem ler e nem escrever naquela língua.

Agora, se nos dedicarmos a esse aprendizado, certamente seremos capazes de nos comunicar em qualquer idioma.

O que isso significa?

Que nosso cérebro só sabe o que já vivenciou, ou seja, o que lhe foi ensinado e mostrado. Mas o fato de ele não ter recebido determinada informação não significa que ela não exista ou não seja real.

Vamos a um exemplo ainda mais simples.

O que você diria se eu te perguntasse agora o que achou da camisa que eu acabei de comprar?

Você gostou?

Não consegue responder, não é?

Vamos levar em consideração que opinar sobre uma camisa é bem mais simples do que aprender um novo idioma. Ainda assim, seu cérebro novamente não faz ideia de como reagir.

Bem, se eu te mostrar uma foto durante dois segundos, você já será capaz de me responder se gosta ou não. Afinal, terá recebido uma informação que até então não conhecia.

Pensando nisso, achei que seria interessante compartilhar com você minha maneira de pensar.

Se o mundo é tão grande, tão vasto e tão diverso, se temos tantas culturas, tantas histórias, tantos idiomas, como a minha forma de pensar pode ser válida em meio a toda essa riqueza de possibilidades?

Para opinar com certeza, ou melhor, para julgar com tanta avidez uma pessoa ou uma situação, precisamos, no mínimo, ter uma mente aberta, capaz de assimilar essa diversidade.

Costumo dizer que "viajar é se permitir enxergar outras formas de ver o mundo".

Ao enxergarmos diferentes maneiras de entender o universo em que vivemos, nossa mente se expande, nossas possibilidades aumentam.

Se temos a oportunidade de vivenciar a plenitude, descobrindo, a cada dia, uma forma diferente de enxergar o mundo, por que deveríamos ficar presos ao pouco que nosso cérebro e nossa mente já tiveram acesso? Afinal, existe uma imensidão de novas possibilidades enriquecedoras.

Por isso gosto de me colocar na posição de aprendiz.

Quando me questiono e me permito aprender, eu evoluo.

Muitas vezes acredito que a resposta que procuramos, o caminho ideal a ser percorrido, talvez não tenha chegado ao nosso cérebro ainda.

E para que isso aconteça, precisamos deixar as novas informações entrarem.

Como? Fazendo com que a sua mente seja uma ótima anfitriã de novas informações e aprendizados. Ela irá recebê-los de braços abertos e sem preconceitos limitantes.

Entende?

Existe muito mais no universo do que o pouco que já registramos em nosso cérebro e em nossa mente.

Acredite, abrir-se para o novo é libertador.

Poderosa autocura

Acordei muitas vezes essa noite.
Muitas mesmo.
Ansiedade? É provável.
Preocupação? Pode ser.
O mundo está louco e praticamente parou durante esses dias em que escrevo aqui.

Se pensarmos bem, sempre haverá um problema que nos tira o sono ao longo da vida, e na noite passada, percebendo isso, quis mudar o jogo.

Decidi que quem guia minha vida e meu bem-estar sou eu, e não os pensamentos aleatórios que pipocam na minha cabeça, me fazendo fritar na cama.

O que eu fiz?

Criei um ritual que chamei de "meditação da madrugada".

Assim, caso eu acorde no meio da noite, já não fico tão nervoso, nem me forço a dormir a todo custo.

Ao contrário, quando acordo e percebo a situação, digo a mim mesmo: "Que bom, chegou a hora da meditação da madrugada".

Começo me posicionando na cama, deitado confortavelmente, e inicio meu processo de interiorização, agradecimento e conexão com o sagrado.

É perfeito.

Pois bem, fazendo essa meditação especial na noite passada, acessei uma autocura tão poderosa que precisava compartilhar para que você possa aplicar em sua vida.

Enquanto eu meditava na escuridão, no silêncio absoluto, trabalhando o esquecimento da palavra "insônia", minha mente se conectou com uma energia de luz e me trouxe uma lembrança de um momento em que sofri um grande trauma pessoal.

Algo que aconteceu quando eu tinha por volta de 20 anos.

Sofri na época, chorei, fiquei bravo, mas não me entreguei à vitimização. Eu sacudi a poeira e segui em frente.

Acontece que, por não ter liberado todo o sofrimento, por não ter me permitido viver aquele luto, os resquícios que ficaram acabaram refletindo muito da minha vida atual.

Está se identificando com alguma coisa na sua própria história?

Até então, eu tinha certeza absoluta de que isso já fazia parte do passado e de que tudo já tinha se resolvido, ao ponto de nem me lembrar mais daquelas pessoas... Mas, se no meio da madrugada, minha mente em plena conexão com o sagrado me levou de volta para aquele exato momento, é porque eu precisava – e muito – entender algo ali que ainda não estava concluído.

Pronto. Lá estava eu, novamente no mesmo lugar, no mesmo dia, com aquelas mesmas pessoas ao meu lado.

Me senti como naquele filme *De volta para o futuro*, sabe?

Era tão nítido, tão perfeito, que me sentia realmente ali, só que dessa vez havia uma pessoa a mais na cena.

Além de mim e daqueles envolvidos, havia o "eu" de hoje como observador de tudo.

Através da meditação, viajei no tempo até voltar àquele momento em que me vi chorando sozinho, sem ninguém para me ajudar ou me dar um abraço de conforto.

Essa é a autocura sobre a qual eu queria te contar.

Quando me aproximei do meu "eu do passado", nós nos percebemos.

Naquele instante, me dei o abraço de que eu precisava, segurei a minha mão e transmiti uma luz muito forte para aquele "jovem eu".

Um direcionamento de amor enviado diretamente por meio da conexão divina que consegui atingir durante a meditação.

Nesse abraço, eu dizia a mim mesmo que tudo ficaria bem, que eu não estava sozinho e que hoje só sou quem sou por ter passado por aquilo de cabeça erguida e com o coração cheio de amor.

Foi lindo.

Parecia mesmo que meu "jovem eu" havia sentido minha presença ali.

Então, continuei transmitindo luz e mentalizando que a única forma de fazer com que aquela experiência se transmutasse em uma onda positiva era através do perdão sincero.

Nesse momento, algo ainda mais bonito aconteceu.

Eu e o meu "jovem eu" começamos, juntos, a emanar uma luz de amor e perdão para aquelas pessoas e para aquele lugar.

Nós dois sorríamos e brilhávamos, vibrando em ondas que contagiavam a todos com uma leveza divina.

O olhar do meu "jovem eu" já não era o mesmo.

Agora, na minha meditação, eu já sentia o reflexo positivo daquele perdão poderoso.

E sabe o que foi mais surpreendente? Eu consegui ver que aquelas pessoas também se sentiam melhor e mais leves.

Eu não estava sozinho naquele dia e sinto que jamais estarei novamente, pois agora estou ciente desse fluxo positivo que as experiências da vida podem trazer.

Somos o que somos hoje por causa de tudo aquilo que nos trouxe até aqui.

Podemos mudar o curso daqui para a frente ao juntarmos nossa luz do presente com a do passado em uma vibrante corrente de perdão.

Tal ensinamento se mostrou a mais poderosa autocura que jamais imaginei viver.

Sei que sempre haverá mais e mais motivos para nos visitarmos e nos abraçarmos no passado. Então, adoro quando acordo "sem motivos" à noite.

Bendita insônia que ressignifiquei.

Bendita meditação da madrugada.

Bendito olhar que enxerga mensagens positivas escondidas atrás de aparentes dificuldades.

Sobre saber receber do universo

Adoro como o universo se comunica com a gente no dia a dia.
Acredita que uma sopa me ensinou algo superimportante?
É isso mesmo que você leu. Uma sopa.
Deixa eu te contar.
Lá na Ásia, especialmente na Tailândia, o café da manhã não é nada parecido com o nosso.
Tradicionalmente, não tem pão, queijo, presunto, café, leite, cereais, nada disso.
Lá, o mais comum é tomar sopa de manhã.
E são sopas saborosíssimas.
Elas não se parecem com as sopas brasileiras, ou seja, não são de legumes, nem canja ou caldo verde. São outro tipo de sopa.
Certa noite, recebi um casal de amigos, e o Alexandre, meu companheiro, preparou um jantar tailandês, cuja entradinha foi uma dessas sopas.
No dia seguinte, como havia sobrado sopa do jantar, pude reviver essa tradição de tomá-la no café da manhã, lembrando de tudo que vivi por lá.

Tomado por aquela emoção degustativa e empolgado com tal oportunidade, liguei para o Alexandre para comentar.

Comecei a elogiar e a lembrar da viagem, falando sobre como as comidas nos trazem lembranças.

Foi nesse momento que veio o aprendizado.

Falei que era uma pena ter a chance de tomar a sopa apenas naquela manhã. Que seria maravilhoso se ele pudesse fazer mais vezes e congelar para termos sempre que quiséssemos.

Então, ele me respondeu num tom calmo:

"O segredo não é ter sempre, mas saber valorizar quando o universo te presenteia."

Fiquei mudo. Aquilo foi perfeito.

Aliás, aquilo era perfeito para muitas e muitas situações que vivemos na vida.

Já parou para refletir sobre isso?

O universo nos presenteia o tempo todo, mas temos a tendência de achar que ele não faz mais do que a obrigação. Quase nunca paramos para realmente pensar sobre a bênção de tudo que recebemos em instantes únicos.

Saber valorizar o que estamos vivendo naquele exato momento é uma forma de experimentar a plenitude.

Na verdade, ao saborear a sopa e reviver boas memórias, eu estava, sim, agradecendo ao universo pelo presente enviado. Mais do que isso, estava consciente de que outros presentes poderiam vir e de que era preciso saber valorizá-los sempre na mesma intensidade, com constância.

Parece aquela história de dar presentes a alguém, como vimos na crônica 9, "A sorte escolheu você".

Você sai de casa, compra algo especial pensando na pessoa e a presenteia.

O que ela faz?

Dá um sorrisinho amarelo e agradece, sem se mostrar empolgada com a sua atitude.

Em outra oportunidade, você volta a comprar um presente para a mesma pessoa. Dessa vez, ela acha que você não fez mais do que a obrigação.

Então você desanima e vai dando cada vez menos presentes a essa pessoa, até que um dia para completamente.

Já aqueles que te abraçam, que sorriem e abrem o presente que você trouxe com carinho, fazendo uma festa pela atitude de amor, você sente gosto em presentear.

A partir daí, toda vez que você pensa em comprar ou fazer algo para aquela pessoa, já imagina a onda de agradecimento e felicidade que sua atitude vai gerar, o que o estimula a presenteá-la cada vez mais.

Pois é. O universo também é assim.

É preciso reconhecer e se alegrar com tudo de bom que ele te envia todos os dias. Caso contrário, com o passar do tempo ele deixará de te enviar tantos presentes.

Depois da sábia frase sobre a sopa, um milhão de pensamentos vieram à minha mente.

"O segredo não é ter sempre, mas saber valorizar quando o universo te presenteia."

Viver intensamente em energia de gratidão.

Foi o que aconteceu comigo naquela manhã, depois da sopa: religuei minha chave de agradecimentos ao reconhecer naquela experiência um presente iluminado do universo.

Em construção

Uma vez me disseram que sou um fotógrafo contador de histórias.

Acho que me sinto assim mesmo, pois cada vez que entro na casa de alguém, sei que vou conhecer um novo universo, um jeito novo de ver o mundo, uma nova história.

E compartilhar isso é o que mais amo fazer.

Muita gente talvez não saiba, mas a maioria das casas e das pessoas que mostro em meus vídeos, eu nunca vi antes.

Isso mesmo.

Muitas vezes, eu não faço ideia de como é a fisionomia daquela pessoa ou a decoração de sua casa até o momento em que a porta se abre.

O interessante é que, geralmente, aquela pessoa já me conhece por meio do canal Life by Lufe.

É como se entregar de alma a um encontro e deixar que ele se revele verdadeiramente.

Para mim, uma pessoa interessante pressupõe uma casa interessante. Uma coisa está ligada à outra. Se a pessoa tiver a energia bem vivida que procuro, a decoração acaba nem sendo prioridade.

Pois foi em uma dessas situações que percebi como os

rótulos são limitantes e como devemos deixar a mente sempre aberta às infinitas surpresas.

Eu estava na África do Sul, em Joanesburgo, e queria encontrar uma casa para gravar e fotografar.

Alguns contatos aqui e ali, cheguei a uma jornalista sul-africana.

Como de costume, conversei com ela por mensagem para ver se havia alguma história que chamasse minha atenção e me levasse a querer gravar sua casa.

Sabe qual foi a primeira coisa que ela me falou?

"Que bom que estou na cidade, pois viajo muito. Não sei se você vai se interessar pela minha casa, mas é um apartamento no último andar de uma antiga fábrica de fogos de artifício."

O quê?

Eu já tinha amado. Não precisava falar mais nada. Uma jornalista que viaja muito e mora em uma antiga fábrica de fogos de artifício?

Claro que fui até ela.

Na minha mente, imaginei mil coisas: por viajar cobrindo diferentes situações na África, ela deveria ter uma porção de objetos que contavam essas histórias.

Imaginei também uma fábrica bem rústica, com janelões iluminados. Talvez a casa tivesse cortinas e tapetes com estampas africanas.

Estava muito empolgado com aquele encontro.

Quando cheguei ao edifício, tive a primeira boa surpresa.

A construção era mesmo uma antiga fábrica que tinha sido renovada e transformada em um prédio de apartamentos. Havia um jardim central e não havia elevadores, mas escadas de aço bem largas.

Subi as escadas imaginando como a minha anfitriã seria

fisicamente. Eu não tinha nem ideia, mas já estava adorando tudo aquilo.

Quando ela abriu a porta, a afinidade foi imediata. Uma mulher linda, confiante, sorridente, usando um vestido longo, leve, os pés descalços.

O piso era de cimento queimado, e as paredes, brancas.

Ao entrar na sala, notei que não havia nada ali além de um sofá cinza.

Sim, você leu corretamente.

Havia somente um sofá cinza.

Onde estavam todas as histórias que eu queria descobrir?

Passamos pela sala e chegamos à copa/cozinha, toda aberta e igualmente de cimento queimado com paredes brancas.

O balcão da cozinha também era de cimento.

Aliás, o apartamento tinha uma arquitetura belíssima.

Como era no último andar, podíamos ver toda a estrutura do telhado, que ela também tinha pintado de branco.

Fiquei com vontade de morar ali ou ter um apartamento exatamente daquele jeito.

Eu já estava apaixonado quando, de repente, me virei e vi na mesa da copa, que era de madeira clarinha, algo que me chamou a atenção.

Um vaso com flores amarelas. Só isso.

Ah, quer saber o que havia em cima do balcão da cozinha? Nada. Somente uns poucos temperos.

No fundo da sala havia uma pequena varanda onde ela instalou uma barra de Pole Dance que usava para se exercitar.

Fiquei encantado. Queria saber de tudo, mas não via quase nada que me ajudasse a contar a história dela.

Ao lado da barra de Pole havia uma estante branca com livros e alguns pequenos objetos.

O quarto era lindo, com o pé-direito alto e a parede

da cabeceira sustentada por uma estrutura de madeira e alvenaria.

Belíssimo, sim, mas igualmente branco.

A roupa de cama parecia muito confortável, e havia um varal de luzinhas, um pequeno armário de roupas e uma sapateira.

O tapete embaixo da cama também era branco.

Só isso.

Quando começamos a gravar, falei bastante sobre a estrutura do lugar, o telhado, a luz natural, a barra de Pole Dance e sobre como eu estava amando o estilo minimalista dela.

Minimalista?

"Eu não sou minimalista", ela me disse.

Nessa hora, congelei.

Alguma coisa estava errada.

Eu olhava ao redor e não via tapetes, cortinas, enfeites decorativos, quadros, luminárias ou lembranças de viagens.

Ou eu não estava enxergando direito ou ela não batia bem da cabeça.

Será que era eu o doido ali?

Como assim ela não era minimalista?

"Sua casa é toda branca, à exceção do vaso com flores amarelas, tudo é muito espaçoso e limpo, sem muitos objetos de decoração", expliquei a ela.

O que ela me respondeu tornou essa história inesquecível:

"Não é por ter poucas coisas aqui que tenho um estilo propositalmente minimalista. A minha casa sou eu. Sou uma mulher em construção."

...

Coloquei esses três pontinhos aí em cima para você fazer uma pausa e pensar. E também para me imaginar boquiaberto, olhando para ela encantado com aquele ensinamento.

Ela tinha toda razão.

Não era um apartamento minimalista, era o espaço de uma mulher se construindo, se conhecendo, se permitindo no seu tempo. A casa representava esse momento da vida dela.

Nossa casa fala com muito mais sinceridade sobre nós do que podemos imaginar.

Por que eu tinha caído na armadilha de colocar um rótulo?

Por que eu, ao ver um apartamento com tão poucos objetos, logo o associei a um estilo que entrou na moda recentemente?

Somos muito mais que os rótulos que tentam nos colocar.

De repente, aquele apartamento brilhou ainda mais diante dos meus olhos, e os espaços já não estavam vazios.

A partir daquele momento, para onde quer que eu apontasse a minha câmera, conseguia enxergar a presença daquela linda mulher em construção.

Do outro lado do mundo

Vou te contar uma história que vivi enquanto programava minha viagem para o Japão.

Observe como, às vezes, as pessoas criam limites para si mesmas.

Gosto de aproveitar cada viagem que faço, seja a turismo ou a trabalho, para gravar e fotografar casas para o canal Life by Lufe, no qual mostro como vivem as pessoas nos quatro cantos do mundo.

Na ocasião, eu já estava empolgado com a ideia de mostrar várias casas nipônicas no canal.

Quando comecei a pedir por indicações de pessoas interessantes que moravam lá, o que mais ouvi foi que seria impossível fotografar os japoneses em suas casas.

Juro que não entendi o porquê dessa afirmação.

E não foram só algumas pessoas que me desencorajaram, não. Foram todas. Sim, cem por cento delas me disse que eu não conseguiria.

Imagine a minha cara ao ouvir isso!

Pois tomei essa descrença como um desafio pessoal.

Quanto mais me diziam que eu não conseguiria, mais eu sentia uma certeza no meu coração de que conseguiria, sim, entrar nas casas que estava destinado a conhecer.

Disseram que japonês não é igual brasileiro, que já convida para entrar, para tomar um café, que considera amiga uma pessoa que nunca viu na vida. Segundo essas pessoas, os japoneses não gostam de mostrar sua intimidade.

Sabe o que eu fazia quando tentavam me desanimar?

Ria por dentro.

Achava aquilo tão limitado, tão encaixotado, tão sem criatividade.

Podia até ser verdade para eles, mas não para mim.

Essa certeza de que você será capaz de realizar algo elimina todas as barreiras que poderiam te segurar.

E a minha certeza era a de que eu não só encontraria essas casas, como ainda seria muito bem-recebido.

Você já passou por isso? Pessoas queridas te desanimando em relação a algo que você deseja muito fazer? Gente que você gosta, que respeita, te puxando para baixo?

Então você me entende, não é?

Enquanto me preparava para ir ao Japão, me imaginei em sintonia com o quê e com quem encontraria por lá, mesmo ser ter uma ideia exata do que seriam essas coisas e de quem seriam essas pessoas.

Tentava alcançar a energia dos lugares e das pessoas. Se estivesse em nossa história que nos encontraríamos, isso aconteceria e viveríamos uma linda experiência.

Ah, e esqueci de mencionar um detalhe. Eu não falo japonês, e a maioria deles não fala inglês.

Eu tinha consciência de que isso piorava ainda mais a minha situação, mas estava disposto a confiar mais na minha sintonia de energias do que na descrença dos outros.

Sabe o que aconteceu por lá?

Passei trinta dias no país e voltei com seis histórias incríveis.

E não foi como me disseram que seria, que eu deveria

manter uma distância e cumprimentar somente com reverência. Nada disso.

Fui recebido do mesmo jeito e com o mesmo carinho com que sou recebido aqui no Brasil.

Ganhei abraços, tomei chá verde com bolo, demos risadas e parecíamos velhos amigos. Tudo isso falando uma língua capenga: era meio inglês, meio japonês, tudo misturado.

Registrei uma cena que me traz muito orgulho por me lembrar que venci um desafio. Uma foto icônica que ilustra a emoção de passar por cima de sentimentos de derrota.

Em um dos lugares que visitei no Japão, fui recebido por um casal. Na hora das fotos, estávamos somente eu e a esposa no quarto dela, no andar de cima da casa. Ela vestia um quimono enquanto eu fotografava.

O marido estava no andar debaixo.

Quanta confiança, quanta generosidade, quanta sintonia.

Todos, sem exceção, me receberam com abraços, me serviram guloseimas, sorriram.

Uau! Até me emociono te contando isso aqui, sabe por quê?

Porque essa é uma prova de que existe algo que podemos chamar de conexão espiritual. Uma linguagem não falada, mais forte do que qualquer idioma. É mais poderosa do que qualquer diferença cultural ou qualquer barreira criada pelos homens.

Houve outra situação em que literalmente invadi uma casa.

Sério! Entrei sem avisar.

Estávamos em uma trilha e vi uma casa de campo belíssima, toda coberta de heras avermelhadas, pois era outono.

Imagine a cena.

Na mesma hora, pensei: "Vou entrar e chamar o dono. Preciso ver essa casa".

Podia ter um cachorro bravo, o dono podia ser chato, mas não.

Quando entrei, no melhor estilo "Ô de casa!", um senhor simpático acenou para mim, mostrando-se feliz com a minha presença.

Não levei nem dois minutos explicando o que eu desejava fazer e ele já tinha aprovado. Fotografei a casa toda, que tinha várias soluções de arquitetura e design com detalhes maravilhosos. Ele me serviu chá, me apresentou seu filho e contou histórias sobre os ursos que rondavam aquela região. Fez com que eu me sentisse em casa.

Só depois eu soube que aquele senhor não era um homem solitário isolado numa montanha. Era um professor universitário de design.

Eu invadi uma casa no Japão e fui tratado como um velho amigo.

Entende a mensagem que quero compartilhar?

Às vezes, nos impomos tantos obstáculos, tantas amarras e motivos para desistir que nem notamos a existência de um mundo paralelo de energias onde tudo é possível.

Podemos usar esse aprendizado para tudo na vida: ao buscar um trabalho, nos relacionamentos pessoais e profissionais, na hora de executar um projeto, na forma como lidamos com desafios diversos todos os dias.

Existem várias formas de fluir no mundo.

É isso que quero te mostrar com essa história.

Isso pode te libertar

Hoje pela manhã me peguei pensando no filme que assisti ontem, e como um pequeno detalhe pode nos despertar para algo que precisamos levar para a vida.

O filme era *Bohemian Rhapsody*, que mostra a trajetória da banda inglesa Queen a partir da história de seu vocalista, Freddie Mercury.

Que ele é um ídolo que marcou para sempre a história da música, isso ninguém questiona. Mas, ao assistir ao filme, me toquei de algo que pode nos libertar, sabia?

Muitas pessoas sofrem *bullying* e discriminação por causa da aparência, e são inúmeros os casos de gente talentosa que é rejeitada simplesmente por não se encaixar em um padrão imposto. Nossa sociedade pode ser bem cruel nesse sentido.

Geralmente, o *bullying* acontece desde a infância, gerando traumas para uma vida toda. Quando adultos, a pressão não se torna menor, pois, por mais injusto que seja, quem não se encaixa nos padrões estéticos impostos pode, sim, ter suas oportunidades limitadas.

Qual é, então, a primeira reação de uma vítima desse tipo de abuso psicológico?

Começar a acreditar que aquilo que dizem sobre ela é verdade. Para não sofrer mais, ela se fecha em uma concha e se torna invisível, escondendo seus talentos mais admiráveis em nome de uma injusta imposição social.

Em outros casos, pode fazer de tudo para mudar, de cirurgias plásticas a constantes tratamentos estéticos.

Consegue pensar em alguém que passa por isso?

Em uma cena logo no início do filme, Freddie Mercury, então um desconhecido, vê a oportunidade de entrar para uma banda após o vocalista original se demitir.

Tudo o que ele queria era realizar o sonho de cantar em uma banda e ser reconhecido pelo seu talento. No entanto, ao se apresentar para os outros integrantes, eles riem da sua proposta, dizendo que, com aqueles dentes protuberantes, ele nunca seria parte daquele grupo.

Consegue se colocar nesse lugar? Ser uma pessoa com talento, vontade e capacidade, mas não ser aceita por uma característica física fora do padrão?

Na cabeça fechada daqueles jovens ingleses, um cara diferente (Freddie nasceu em Zanzibar, na Tanzânia) jamais poderia ser o vocalista, que normalmente é o rosto da banda.

"Com esses dentes, você nunca fará parte da banda."

Imagine o que ele sentiu ao escutar tal coisa.

Esse momento foi crucial em sua trajetória.

Ali, ele poderia ter desistido da sua carreira para sempre. Poderia ter virado de costas e saído, de cabeça baixa, enquanto os rapazes riam dele. Sabe o que ele fez?

Respirou fundo, olhou para os meninos e disse que o que eles viam como um defeito era, na verdade, seu grande trunfo.

Freddie tinha 36 dentes ao invés de 32, o mais comum entre os seres humanos. Isso fazia com que os dentes de trás empurrassem os da frente, mas também lhe dava uma vantagem vocal: com uma boca maior, sua voz se amplificava de forma única.

Veja bem o que aconteceu: ele transformou o que para muitos seria motivo de vergonha em um presente do universo, algo do qual se orgulhava. Consegue entender?

Sua boca e seus dentes eram, na verdade, aliados na sua forma de cantar e de expressar seu talento.

Ele não aceitou ser diminuído.

Talvez por intuição, ou por conta de sua personalidade forte, ele tenha se aceitado exatamente como era, transformando o que tinha de diferente em uma qualidade única.

Ao ouvi-lo cantar pela primeira vez, os integrantes da banda se renderam ao grande artista que Freddie já era.

E tudo começou no momento em que ele transformou sua desvantagem na sua maior vantagem.

Mesmo depois de muitos anos sendo reconhecido como uma das maiores estrelas mundiais da música, já multimilionário, Freddie Mercury nunca quis mudar seus dentes.

Isso não era nem nunca tinha sido um problema para ele.

Mais um ensinamento. Às vezes, o problema é muito mais dos outros do que nosso.

Então, tomando o café hoje de manhã, pensei em quantas pessoas passam pelo mesmo problema todos os dias.

Certa vez, uma seguidora do canal me disse que parou de cantar porque diziam a ela que sua voz era a de uma diva, mas no corpo errado. Sabe quem também ouviu isso? Lady Gaga. Seus professores de música diziam que ela não faria sucesso como cantora por não ter a aparência necessária. Pois veja onde ela está hoje.

Quando nos valorizamos e nos entendemos como bênçãos únicas do universo, uma infinidade de possibilidades se abre, nos fazendo notar caminhos para além daqueles que estamos acostumados a percorrer.

Aceitar a si mesmo pode trazer a sua libertação.

Já parou para pensar nisso?

No outono, por volta das 7 da manhã, uma luz linda entra pela janela da minha cozinha.

Esse bom-dia solar sempre me emociona.

Nas prateleiras, coloquei plantas que me mostram a plenitude da natureza logo nas primeiras horas do dia, no momento em que tomo meu café da manhã e converso com vocês.

Certa vez, ao publicar um vídeo, falei rapidamente sobre esse meu cantinho preferido. Contei como gosto de tomar meu café ali, de sentir o calorzinho do sol, de arrumar louças e copos misturados com livros e lembranças de viagem.

Mas esse não era o tema principal do vídeo, e logo segui para outro assunto. Horas mais tarde, conversando com uma amiga, perguntei se alguma das histórias que contei tinha tocado mais seu coração, e ela me disse que ouvir sobre esse meu cantinho preferido mexeu muito com ela.

Essa amiga me contou que estava assistindo ao vídeo enquanto se preparava para o trabalho e que, de repente, congelou. Sentada na cama, ela se perguntou: qual é meu cantinho preferido na minha casa? Tem algum lugar aqui com o qual me identifico mais? Onde poderia ser?

Ela não tinha.

Isso é sério, e ela se tocou da importância do que eu estava tentando dizer.

Muitas vezes, na correria, tratamos nossa casa como um lugar de passagem, onde apenas comemos, assistimos TV ou dormimos.

Ter um cantinho preferido, por menor que seja, pode ser o começo de um reconhecimento seu no seu espaço.

Foi então que ela revelou que nunca sequer havia pensado nisso. Que, se eu não tivesse levantado essa questão, jamais teria se perguntado sobre esse tal cantinho.

Você já se perguntou?

Se sim, que felicidade. Vamos ampliar os cantinhos, aumentar as chances de nos sentirmos bem e felizes em vários espaços da nossa casa.

Se ainda não o encontrou, tudo bem. Chegou a hora de começar, passo a passo.

Minha amiga concluiu naquela manhã, observando sua casa, que uma das coisas de que ela mais gosta é a luz do sol, mas que naquele apartamento não há sol.

Ela gostaria de ler sentada perto de uma grande janela ensolarada.

Mas ali não havia isso.

Então, ela percebeu que sua mudança seria maior, pois não se tratava de decoração. Tratava-se de dar a si mesma o que ela mais precisava.

É claro que nem sempre podemos sair da casa onde estamos, mas podemos, sim, fazer mudanças sem nos mudarmos de fato. Nos redescobrir sem sair do lugar.

Devemos nos fazer essas perguntas com frequência: estou feliz aqui? Qual é o meu cantinho favorito? Quais são os meus cantinhos? O que faz com que eu me sinta parte desse ambiente? Como me sinto acolhido por tudo que me cerca? Como minha casa me ajuda a viver momentos e experiências que valorizo?

Uma poltrona perto das plantas, próxima à janela, pode deixar de ser apenas decoração e se tornar uma companheira que só te faz bem.

Ter suas lembranças espalhadas pelos cômodos, suas fotos e objetos, pode ajudar você a se lembrar de como está vivendo sua existência por aqui.

Um espaço vazio também mostra muito de você.

O curioso é que esse despertar aconteceu com outra amiga também.

Ela tinha colocado seu apartamento à venda. Não se sentia bem ali e não conseguia decorar como havia feito em casas anteriores.

Um dia, comentei com ela que nunca tinha visto fotos de sua casa. Quando ela me mostrou, fiquei sem reação.

A decoração era muito básica e padrão para alguém tão cheia de vida, tão ligada em histórias. Fiz um elogio sem muita empolgação, do tipo que quem me conhece sabe que não me encantei. A casa simplesmente não combinava com ela.

O silêncio às vezes é um mestre sábio, não é?

Ao perceber que eu não tinha me empolgado, ela se incomodou.

Na hora não me disse nada, mas, alguns dias depois, me mandou uma mensagem, emocionada. Tinha passado todo esse tempo tentando entender o porquê do meu silêncio. Olhava a própria casa, tentando se enxergar nela, mas nada.

De repente, algo mágico aconteceu.

Aquele incômodo gerou nela uma necessidade de compreender sua relação com a casa. Foi aí que ela percebeu que toda a sua história estava encaixotada, escondida em armários.

Coisas que ela sempre teve orgulho de mostrar, agora estavam longe dos olhares. Ela não estava representada naquele apartamento e, por não se sentir pertencente, não se conectava com ele.

Esse era o motivo de querer vendê-lo.

Quando entendeu que o que faltava ali dentro era ela mesma, sua essência, ela se lembrou de todos esses objetos que a representavam, que ela amava, mas que estavam escondidos.

Dias depois, me mandou uma mensagem aos prantos, dizendo que havia recebido um grande ensinamento. Tinha ligado para todas as imobiliárias para cancelar a venda. Não mudaria mais de apartamento: a mudança aconteceria ali mesmo, naquele lugar.

Era ela que precisava se revelar a si mesma.

Seu problema estava resolvido. Ela havia, enfim, encontrado seu cantinho, seu apartamento ideal.

Entende?

Quando você passa a conversar com a sua casa, quando revela a ela mais sobre a sua essência, ela te responde como uma boa terapeuta, ajudando você a ter um lindo encontro consigo mesmo sem sair do lugar.

Pratique.

Ativando a antena que tudo pode

No texto "Uma ótima anfitriã", falei sobre como nosso cérebro pode, muitas vezes, estar limitado dentro daquilo que já foi assimilado por ele.

Agora, queria ampliar nossa conversa sobre esse assunto.

Você já reparou que muitos de nossos raciocínios, reações e funções motoras são automáticos?

Pensemos, por exemplo, no ato de andar de bicicleta.

Uma vez que aprendemos, simplesmente andamos sem pensar em como aquilo acontece.

Reparamos nas árvores, escutamos música, cantamos e deixamos o pensamento vagar enquanto pedalamos. Não precisamos raciocinar sobre cada giro das pernas ou sobre a direção em que viramos. Simplesmente flui.

O mesmo acontece quando dirigimos. Nos atentamos à estrada, às pessoas na rua, aos sinais de trânsito, mas nossa mente não está focada nos movimentos básicos como passar a marcha, acelerar, frear, girar o volante. Isso é tão automático que podemos conversar com a pessoa ao lado e contar uma história sem parar de dirigir.

O ato de caminhar também segue a mesma lógica. Não precisamos pensar em mover uma perna, depois a outra. Uma vez aprendido, caminhamos naturalmente.

Posso dar vários exemplos simples como esses para mostrar que muitas de nossas ações diárias acontecem várias vezes ao dia sem ao menos percebermos.

Nosso subconsciente é quem está encarregado disso. Ele aprendeu certas coisas com tanta naturalidade e há tanto tempo que já as executa com maestria, sem nos incomodar.

Dia desses, me peguei pensando nisso.

Se aprendizados simples que estão enraizados em nossa mente nos guiam sem que nos conscientizemos disso, que tipo de coisas mais complexas feitas no automático podem estar nos limitando?

Vou tentar ser mais claro.

Será que nosso subconsciente está agindo na calada, sem que nos atentemos a algumas reações que ocorrem naturalmente?

Talvez nem percebamos quais são os nossos preconceitos, julgamentos, descrenças, medos, inseguranças e autossabotagens. Afinal, muito disso já se tornou parte de nós.

Faz sentido?

Deve haver uma infinidade de informações registradas em nosso subconsciente nos guiando sem que percebamos.

Achamos que temos o controle de tudo quando, na verdade, não é bem assim. Quem está lá escondidinho, nos levando em banho-maria, é o tal do subconsciente.

Depois que percebi isso, comecei a notar cada uma das minhas ações. Cismei que precisava conhecer melhor o que se passava em minha mente para estar em harmonia com tudo o que me faz bem.

É por isso que adoro praticar meditação, estar presente no momento presente. Ter mais consciência de quem sou. Fazer a mente trabalhar a meu favor e não contra mim, sabe?

Somos um time jogando juntos, nossa mente e nosso

espírito. Precisamos nos unir para seguirmos vencedores e em harmonia.

É um exercício diário tentar trazer à tona algo que não se percebe conscientemente. Então, ao se deparar com situações incomuns, pergunte-se: por que fiquei tão nervoso? Por que me senti inseguro? Por que fui tão reativo?

Ao entendermos mais os nossos sentimentos e a forma como o subconsciente nos controla, nos libertamos de amarras que nos limitam.

E já que estamos aqui falando sobre a nossa mente, quer saber de outra coisa que aprendi e que me aliviou a pressão de encontrar respostas para os meus problemas?

Olha que genial esse raciocínio: se nosso cérebro só sabe o que já aprendeu ou viveu, pode ser que a solução que você procura ainda não tenha chegado.

Quantas vezes remoemos nossos pensamentos em busca de uma resposta para determinado problema? Vivemos noites de insônia, ansiedade e nervosismo, e, mesmo assim, nem sempre conseguimos resolver.

Isso pode acontecer porque, muitas vezes, o que vai te ajudar ainda não chegou ao seu cérebro. Então, relaxa.

Esse é um dos maiores segredos da vida. Precisamos ativar nossa mente como uma antena, pois ela tem a capacidade de ler os sinais, de captar as mensagens, de deixar novas informações entrarem sem preconceitos.

Então, relaxe e sintonize-se com as diversas ondas que te cercam, atraindo o que é melhor para você. Assim, a resposta que te guiará no caminho mais feliz certamente virá.

Essas ondas são como as de rádio: mesmo que não possamos enxergá-las, não significa que não estejam ali. Afinal, dependendo da sintonia que você escolher, qualquer música pode tocar, certo?

Nossa mente funciona do mesmo modo. De acordo com a sintonia escolhida, ela capta a "música" da sua vida.

Sim, nossa mente é uma antena poderosa que transmite exatamente a vida que escolhemos.

E adivinha quem é o responsável pela escolha da sintonia? Você.

Por isso, saber escolher é fundamental.

Eliminando fronteiras

Quebrar padrões é algo que amo fazer desde criança. Sempre questionei quando me diziam que algo era "normal", "comum" ou "todo mundo pensa assim".

Interessante voltar a isso na vida adulta e ver como essa vontade de analisar outros pontos de vista nos leva a possibilidades mais amplas na vida.

Uma passagem icônica da minha infância que adoro compartilhar é uma conversa que tive com minha mãe em uma tarde de verão.

Somos cinco filhos ao total, então imagine a correria e a barulheira pela casa todos os dias.

Como capricorniano, agia como uma espécie de "criança velha" e sempre fui mais pensativo.

Naquela tarde, estávamos só eu e minha mãe, eu deitado no tapete da sala e ela sentada no sofá.

Eu adorava ficar de mãos dadas com ela.

Tadinha! Minha mãe ali, querendo descansar da imensa demanda daquela criançada, e eu tagarelando sem parar.

Ah, sim, eu era reflexivo, mas também era falante e curioso quanto aos mistérios da vida.

Engraçado, ainda me lembro perfeitamente daquela tarde. Escrevendo sobre isso agora, parece que sinto até a luz do sol que entrava pela janela, que enxergo o ângulo da sala de onde eu via minha mãe deitada no sofá.

Emocionante. Sinto até a textura da mão dela. Que delícia dividir isso com você.

Comecei a perguntar a ela sobre o mundo. Por que tínhamos tantos países? Por que ouvíamos tanto sobre as diferenças entre eles?

Acho que esse assunto me trouxe curiosidade na época porque, como somos mineiros, ouvíamos muitos casos de pessoas que iam tentar a sorte nos Estados Unidos.

Havia uma família no nosso prédio que tinha acabado de voltar do Iraque, onde o pai trabalhou como engenheiro em alguma obra que envolvia o Brasil.

Minha memória também estava fresca em relação a um encontro que tive com uma das minhas maiores inspirações, minha prima Myrna, mais velha que eu, que acabara de chegar de viagem e ainda estava sonolenta, deitada na cama, vestida com uma saia estampada toda colorida, os cabelos longos, linda! Ela havia passado mais de um ano viajando pela Ásia e pela Índia.

Naquela época, quando eu não tinha nem 10 anos de idade, ela era mais importante do que qualquer ídolo. Eu observava cada detalhe seu: a pele do rosto, os poros dos braços, as sandálias feitas à mão, as pulseiras. Enquanto minha prima dormia, eu ficava ao seu lado imaginando tudo que ela tinha visto.

Até hoje a considero uma grande inspiração de vida. Foi a primeira pessoa próxima a mim que rodou o mundo como aventureira.

Durante a minha infância sonhadora, eu ficava empolgadíssimo para conhecer os diferentes países e pessoas que tinham vivido essas experiências.

E naquela tarde, jogado no tapete conversando com a minha mãe, eu contava a ela sobre meu sonho de ser como a minha prima. Eu queria conhecer outros países, outras culturas, saber como era a vida além da que vivíamos ali.

De certo modo, aquilo parecia tão distante, tão impossível. Eu nunca nem tinha andado de avião e já falava que minha vida seria uma aventura.

Sabe aquela sensação de receber uma mensagem divina? Como se tudo conspirasse para você escutar algo de forma tão especial que até o ambiente se transforma em cenário?

Pois foi assim que escutei o que minha mãe me disse naquele momento.

Meus irmãos não estavam correndo pela casa. Havia um silêncio mágico no ar, o sol dourado, a cortina balançando, minha mãe meio sonolenta e eu atento, segurando sua mão.

"Você não nasceu nessa rua. Não nasceu nesse bairro. Você sequer nasceu nessa cidade ou nesse país."

O que isso queria dizer?

Pulei no sofá e a encarei. Ela continuou:

"Você nasceu nesse planeta. Então vá, aproveite, viva e descubra as maravilhas desse mundo que você tanto deseja conhecer."

Foi uma mensagem divina transmitida pela sabedoria de uma mãe de mente e coração abertos.

E foi exatamente o que fiz na vida.

Nunca compreendi a audácia do ser humano em criar fronteiras. Um grupo de pessoas resolve dividir a terra e decide que aquele pedaço do planeta pertence a elas. Então você, caso queira passar por ali, precisará de autorização, podendo ser até mesmo impedido de prosseguir.

Que loucura. O planeta é nosso.

Ao invés de preservarmos e nos conscientizarmos sobre a

abençoada oportunidade que temos de viver aqui por apenas alguns anos, preferimos reclamar posse e estabelecer limites.

Acho isso tão pequeno diante da magnitude do que poderíamos ser se entrássemos em harmonia com a Terra.

Como não posso lutar contra essa ordem estabelecida, busco ao menos seguir uma ideologia paralela, ser o mesmo menino desbravador que fui quando criança.

Assim, me sinto pertencente e em harmonia com cada cantinho do planeta, ressignificando cada vez mais as palavras que minha mãe me disse naquela tarde de sol.

Hoje é um dia especial

Tive uma crise de rinite na noite passada. Passei a madrugada toda acordando com o nariz entupido.

Como é chato isso, não é?

Quando acordei, ou melhor, quando me levantei de manhã, ainda estava espirrando e com o nariz bastante congestionado.

O interessante é que não gripo há mais de quinze anos. Dor no corpo, febre, mal-estar, nunca sinto isso. Mas o bendito nariz, de vez em quando, faz greve e bloqueia todas as passagens.

Em dias assim, tendemos a pegar uma caixinha de lenços, vestir uma roupa bem confortável – isso quando tiramos o pijama – e ficar zapeando na televisão, não é?

Esse cenário pode se formar quando estamos gripados, tristes, frustrados, com dor de cotovelo ou, como tem sido comum nesses tempos, quando estamos isolados e preocupados com a situação do mundo.

Pois eu não estava disposto a me render.

Tomei um banho quente e, enquanto a água caía, fui reorganizando as energias para não me entregar àquela sensação de bloqueio.

Quando abri a gaveta para pegar um conjunto de malha bem confortável, olhei para os cabides e uma camisa me olhou de volta, me seduzindo. Ela parecia me dizer: "Venha, me vista, vamos passar o dia juntos".

Não resisti.

Caí na hora na sua cantada.

Vesti aquela linda camisa azul listrada e coloquei uma bermuda nova, bem gostosa e confortável. Estava pronto para celebrar o dia.

O nariz, coitado, ainda estava bem congestionado.

Então, preparei uma mesa de café linda e decorada, coloquei uma música e comecei a planejar um almoço especial para mim e minha camisa naquele nosso dia de amor.

Antes mesmo de terminar o café da manhã, já sentia meu nariz se abrindo, já podia respirar mais naturalmente.

Meus olhos, que amanheceram vermelhos do tanto que eu havia espirrado, já estavam azuis novamente e pareciam sorrir para a vida, como de costume.

Isso não foi coincidência!

Para mim, ficou claro como podemos conduzir a energia que nos guiará ao longo do dia.

Eu poderia ter me jogado no sofá, já que era sábado, e ficar prostrado o dia todo me lamentando.

Em vez disso, pensei: "Hoje é um dia especial".

O agora é sempre único, e não podemos desperdiçar esse momento abençoado.

Ao vestir uma camisa bonita, preparar uma mesa digna de um dia de festa, colocar uma música para acariciar a alma e planejar um dia especial para mim mesmo, enviei uma mensagem ao universo.

Eu disse a ele, por meio de atitudes práticas e equilibradas, que a minha energia seria transmutada para algo bom e positivo.

Interessante como isso funciona!

Já no final do dia, enquanto escrevia esse texto para você, respirei fundo e senti meu nariz praticamente descongestionado.

Me orgulho de compartilhar aqui o que podemos mudar em nossas vidas quando decidimos tomar as rédeas da nossa energia vital.

Agora, pense.

Se conseguimos mudar o destino de um dia, como nesse simples exemplo do nariz entupido, imagine o que não podemos alcançar ao transmutar energias negativas e pessimismo em vibrações favoráveis à sua felicidade?

Quer tentar?

Primeiro, precisamos transformar nossas atitudes para só então vermos nossos sonhos e projetos se concretizarem. Está em suas mãos fazer o movimento certo.

Poder de realização

Sabe aqueles momentos da vida em que nada parece estar dando certo? Quando queremos fazer algo acontecer, mas nos sentimos lentos, desanimados?

Muitas vezes, chegamos até a traçar objetivos, mas nos frustramos antes de colocar em prática o que é preciso para alcançá-los. Então, quando olhamos para o mundo lá fora, nada parece nos ajudar, não há pistas quanto ao caminho que devemos seguir.

Quem nunca passou por algo parecido? Talvez você esteja sentindo isso nesse exato momento.

Nesses dias em que não acreditamos no nosso potencial, temos a sensação de estarmos sempre atrás no tempo, como se devêssemos algo que não conseguimos cumprir.

Como sabemos, nossa mente tem alguns padrões de funcionamento. Ela não diferencia, por exemplo, a mensagem de que você vai tomar um copo d'água ou comprar um apartamento: para ela, tudo aquilo que você diz que vai realizar, você realiza.

Quando você mentaliza que vai tomar um copo d'água e, em seguida, vai lá na cozinha e realmente toma, você envia uma mensagem de realização. Ou seja, você fala que vai fazer e faz mesmo.

Quando sua mente entende que você faz tudo o que fala, ela começa a trabalhar para te ajudar a concretizar tudo o que você pensa em fazer.

Mas não é assim tão fácil. É preciso treinamento constante.

A boa notícia é que o treinamento é bem simples e muito eficaz.

Claro, antes de chegar ao ponto de comprar um apartamento ou algo que deseja muito, você vai ver muitas coisas se concretizando por meio dessa técnica.

Como funciona?

Imagine nossa mente como a engrenagem de uma máquina, mas rodando bem devagar. Uma engrenagem meio triste, preguiçosa, que mal consegue se mexer direito. Tipo como ficamos quando nos deixamos prostrar no sofá ou na cama, sem fazer nenhum esforço.

Consegue ver?

Agora, vamos começar a mostrar para a nossa mente que tudo o que falamos que vamos fazer, vamos lá e fazemos.

Você pode criar mil e uma situações aí mesmo, dentro da sua casa. Se estiver deitado, por exemplo, diga a si mesmo que vai se sentar e sente-se.

Arrumar o cabelo. Arrume.

Escovar os dentes. Escove.

Andar até a cozinha. Ande.

Abrir a torneira. Você abre. Fechar. Feche!

Pegar o copo. Pegue. Encher de água. Encha.

Assim, você mostra aos poucos para a sua mente que tudo o que se propõe a realizar, você realiza.

Agora, imagine novamente aquela engrenagem começando a ganhar um pouco mais de ritmo e velocidade.

Se fizer esse exercício dia após dia, sua mente se tornará

mais ativa e, em pouco tempo, sua engrenagem mental funcionará em uma potência satisfatória.

Vestir uma camiseta verde. Vista.
Escrever um projeto novo. Escreva.
Tomar banho. Tome.
Ligar para um potencial parceiro de negócios. Ligue.
Cortar uma fatia de pão. Corte.
Defender um projeto para o chefe. Defenda.
Regar as plantas. Regue.
Fazer exercícios físicos. Faça.
Candidatar-se para um novo trabalho. Candidata-se.

Ao receber o comando de que algo precisa ser feito, então, sua mente dará seu máximo para ajudar. Afinal, não há outro caminho: você vai fazer.

A missão do cérebro é potencializar todas as sinapses possíveis para ajudar você a realizar aquilo a que se propõe. Se sua engrenagem andava meio borocoxô, com pouco tempo de exercício ela alcançará sua potência máxima, gerando muita energia de realização.

Adoro essa técnica porque qualquer um pode treiná-la a qualquer hora. E, por ser algo individual e silencioso, ninguém precisa saber o que você está fazendo.

Assim, ao dizer que vai realizar um grande projeto, comprar um apartamento, conseguir seu emprego dos sonhos, melhorar seus relacionamentos, cuidar mais do seu corpo, ser mais gentil consigo, ser mais proativo, estudar mais, relaxar, se conectar às boas energias, adivinha? Você vai conseguir.

Simples assim.

Aliás, simples, mas poderoso.

Se toca

O que vou compartilhar com você agora pode parecer muito simples, mas não é.

Vou falar sobre formiguinhas.

Isso se aplica a tantas coisas na vida, mas quase nunca paramos para prestar atenção. É bem parecido com a dimensão das formiguinhas: elas são minúsculas, mas nos alertam sobre como podemos, no mínimo, ser mais humildes.

Em uma dessas manhãs, enquanto me preparava para gravar o Café com Lufe, vi na pia da cozinha um prato cheio de formigas.

Olha, e não eram poucas, não. Eram muitas mesmo, daquelas bem pequenininhas. Do tipo que, se não ficarmos de olho, nem vemos direito.

Como a comunidade inteira resolveu invadir o prato, não tive como não notar, e é claro que me preocupei.

De onde vinham aquelas coisinhas?

Como ousavam invadir minha casa assim?

Um problema bem fácil de resolver, não é? Bastava pegar aquele prato, colocar dentro da pia, abrir a torneira em cima delas e pronto. Iriam direto para o ralo.

Mas, quando eu estava prestes a realizar essa chacina, algo me veio à mente.

Por que elas estavam ali?

Por que eu iria matá-las?

O que elas tinham feito de tão errado para merecer essa sentença de morte?

Consegue me imaginar encarando um prato infestado de formigas minúsculas e me fazendo essas perguntas?

Pois o ensinamento está aí.

Elas só estavam fazendo festa na minha pia porque *eu* não tinha lavado o prato da sobremesa na noite anterior.

O trabalho delas, assim como o de todo ser vivo, é ir em busca de alimento. Aí o bonitão aqui deixa o prato cheio de restos dando sopa e elas é que são as culpadas por encontrarem esse banquete à disposição? E o pior, ainda serão exterminadas por minha culpa?

Eu podia ouvir uma voz interior me dizendo "Se toca, amigão", ou "Você só olha para o seu umbigo", ou, de forma mais direta, "Assuma sua culpa nesse episódio".

Parece óbvio, não é? Infelizmente, não.

Se aplicarmos esse exemplo das formiguinhas em nosso dia a dia, vamos perceber que muitas vezes achamos que os outros é que estão errados, que eles é que não nos entendem, que querem invadir nosso espaço, como se tudo no mundo girasse ao nosso redor.

Se usarmos essa lição das formiguinhas em nossa jornada de evolução pessoal, profissional e espiritual, podemos aprender a reconhecer como somos geradores de muito daquilo que acontece em nossas vidas.

É o famoso "se eu mudar, o mundo muda ao meu redor".

Se eu não tivesse deixado a louça suja, elas não estariam

ali. Se não fosse tão egoísta com o mundo, entenderia como posso fluir melhor se me integrar e respeitar.

Isso é básico. Muitas vezes nos falta humildade para nos colocarmos no lugar do outro, seja de uma formiguinha ou do seu companheiro de trabalho.

Outra coisa que me deixa admirado é ouvir as pessoas dizerem que o Criador está nos castigando com uma pandemia. Juro que não entendo.

Será que elas já pararam para pensar, por exemplo, que Ele levou sete dias para criar o mundo?

E o mundo não é feito somente de seres humanos, tá?

Quando estamos exterminando florestas ou sacrificando animais em abatedouros, será que alguém pensa: "Por que o Criador está fazendo isso com as árvores e com os animais?".

Não. Ninguém pensa.

Por quê?

Porque acham que tudo foi criado para o proveito da humanidade.

Quando a poluição que produzimos atinge os rios, destruindo toda a vida daquele ecossistema que existe há tanto tempo quanto a raça humana, será que nos perguntamos sobre a fúria divina que castiga aqueles seres?

Não. Nós não associamos uma coisa à outra.

Agora, se acontece uma pandemia, um caos que ameaça a vida humana em grandes proporções, aí sim nos preocupamos com o fim dos dias.

Por isso acho a humildade gloriosa. Por isso acredito que devemos reconhecer o nosso papel dentro de tudo isso. Entender o quanto somos responsáveis por muito do que acontece ao nosso redor.

Enquanto estudava sobre a criação do mundo, nunca escutei ou li algo que afirmava: "O mundo foi criado em sete dias para o seu bel-prazer, ser humano fofo e lindo e merecedor de tudo".

Somos apenas mais uma peça em meio ao todo criado pela força divina.

Precisamos ser mais humildes, assumir nossas responsabilidades, nos conectar com o todo. Isso sim nos fortalece, nos faz evoluir.

Se a sua vida anda meio estagnada, observe como anda essa relação.

Ah, e quando digo estagnada, não quero dizer sem trabalho ou sem dinheiro, tá? Existe muita gente milionária e estagnada por aí, pois de nada adianta ter dinheiro se você não souber usá-lo para alcançar a felicidade.

Mas e quanto as formiguinhas, o que eu fiz com elas? Abri a torneira?

Não. Fiquei ali brincando, soprando-as devagar para fora do prato até que seguissem seu caminho.

Desde então, nunca mais as vi, pois, é claro, jamais deixei pratos sujos na pia de novo.

O ideal de viver bem

Um passo para trás pode se transformar em um pulo gigantesco para a frente.

Se prestarmos bastante atenção, situações desagradáveis muitas vezes nos despertam para um futuro mais positivo.

Imagine que você tenha a chance de reavaliar a forma como estava conduzindo sua vida. Que aquela velocidade enlouquecedora do dia a dia de repente freie, te fazendo ficar em casa.

Talvez você tenha perdido o emprego, terminado um namoro ou esteja se protegendo de uma pandemia.

Como nossa cabeça entende mudanças tão bruscas?

Acredito que, nas últimas décadas, nos tornamos dependentes de estímulos diversos, como se nossa vida realmente dependesse disso para seguir. Há a pressão das redes sociais, o bombardeamento de informações, a competitividade desenfreada, as pressões estéticas e uma constante necessidade da aceitação alheia.

Sempre observei como muitas personalidades da internet fazem suas vidas parecerem perfeitas. Estão sempre fazendo as viagens dos sonhos, comprando roupas diferentes e estilosas, frequentando os restaurantes da moda etc.

O que muita gente não sabe é que boa parte desses posts são patrocinados. Ou seja, a pessoa não paga para estar naquele hotel, usar aquela roupa ou comer aquela comida.

Por que estou dizendo isso?

Porque agora temos a oportunidade de avaliar o que faz sentido para nós mesmos enquanto indivíduos.

O meu ideal de vida pode ser, e provavelmente é, bem diferente do seu. Pode ser que o seu ideal também seja distinto daquele do seu parceiro ou parceira, ou dos seus filhos, amigos e parentes. Imagine, então, de pessoas que você nunca nem viu pessoalmente.

E essa é a beleza da história.

É por isso que considero os momentos de isolamento, quando somos obrigados a viver dia após dia na companhia de nós mesmos, como grandes oportunidades de crescimento.

Não ficou tão claro?

Então imagine um copo com água suja.

Se deixarmos esse copo parado por dias, a sujeira vai se assentar, acumulando-se no fundo e deixando a água mais clara, mais limpa, mais leve.

Acredito que nossa mente funcione da mesma forma.

É como se estivéssemos em tratamento, nos desintoxicando.

Se éramos viciados em uma rotina frenética, nos primeiros dias queremos seguir o mesmo ritmo, criando ainda mais tarefas, virando a casa do avesso, organizando tudo que temos, acumulando novos afazeres.

Com o passar do tempo, talvez comecemos a produzir, a pensar em soluções financeiras, a achar algo para entreter a mente. Então, chega o momento da falta, da abstinência. Sentimos revolta e desejamos que tudo volte a ser como antes.

Precisamos de paciência.

Esse processo de desvencilhamento do tóxico, do frenesi viciante que nos cega, pode ser demorado e, às vezes, bem dolorido. Mas acredite: vai valer a pena.

Com o passar dos dias, esses excessos implantados na mente, que nos afastam de nós mesmos, começam a sedimentar. Se dedicarmos atenção a esse momento, seremos capazes de identificar nossos verdadeiros sentimentos, de tornar nossos pensamentos mais claros. Exatamente como a água se tornando mais pura no exemplo do copo.

O silêncio talvez se torne cada vez mais parte do seu dia, e, nessa calma, você pode se encontrar naquilo que te faz bem de verdade.

Entende quando eu digo "o que te faz bem de verdade"? Não se trata daquilo que você supõe te fazer bem apenas para ter um estilo de vida parecido com o de quem você segue nas redes sociais ou com quem compete no escritório.

Quando a poeira baixa, você vê mais nitidamente como gostaria de seguir adiante.

Já imaginou como seria se cada um se dedicasse a se encontrar e a ser sincero com o que lhe traz felicidade? Se seu marido, sua esposa, seus filhos, seus amigos, todos que convivem com você, fossem capazes de encontrar uma forma de ser feliz individualmente?

O que viver bem significa para um não é o mesmo que para o outro, e isso é libertador.

Deixe a poluição mental sedimentar aos poucos.

Deixe sua mente mais livre em águas claras.

Não existe felicidade maior do que as felicidades individuais reunidas

Eu não volto mais

Eu amava morar em Londres.
Sabe quando uma cidade parece combinar com você?
As ruas, a arquitetura, os parques, a forma como tudo ali fazia com que eu me sentisse bem era especial.
Eu era tão louco por lá que sempre dizia amar mais o inverno do que o verão.
Ninguém entendia quando eu falava isso, mas havia um motivo.
Era porque, no frio, as folhas das árvores caíam completamente.
Mas isso lá é razão para gostar de algo? Árvores sem folhas não são uma coisa triste?
Claro que não!
Outra razão eram as casas e os pequenos prédios. No inverno, eu amava andar naqueles ônibus vermelhos de dois andares. Ficava observando a arquitetura belíssima das fachadas, antes escondidas pelas exuberantes folhas verdes do verão.
Eu também adorava caminhar sozinho à beira do rio Tâmisa.
Ah, como era gostoso conversar com a cidade, sentir

que pertencia a ela naquele momento da minha vida. É só fechar os olhos que já lembro daquele ventinho gelado, do céu azul, daquela cidade imponente e admirável, pelo menos aos meus olhos.

Pois, naquela época, se me perguntavam quando eu voltaria para o Brasil, minha resposta era sempre rápida e certeira:

"Eu? Nunca mais vou voltar."

Todos estranhavam minha reação.

Será que eu amava tanto aquele lugar a ponto de não sentir saudades do calor e do charme brasileiros?

Não era nada disso.

Na verdade, se me perguntarem isso agora, seja lá onde eu estiver, a resposta será a mesma:

"Eu? Nunca mais vou voltar."

O que quero dizer é que, quando estava no Brasil, eu sonhava em morar na Inglaterra. Então, fui passar um tempo lá.

Mas, quando o destino me trouxe ao Brasil novamente, não voltei como a mesma pessoa de antes.

Compreende?

A pessoa que eu era antes de viver a experiência de morar em Londres não era a mesma que retornava ao país de origem. Depois de viver tantos aprendizados, de enxergar tantas coisas novas, de se abrir para tantas oportunidades diferentes, você não volta. Você vai.

E sabe de outra coisa? Nem a cidade que você conhecia permanece a mesma. Ainda que esteja idêntica, você a vê de outra forma.

Depois que a gente vai, nunca mais volta. Só segue em frente, pois nos conectamos a um fluxo contínuo de aprendizados e de evolução pessoal.

Isso serve tanto para o momento presente!

O mundo está mudando. Já mudou. Por que ainda achamos que, algum dia, tudo vai voltar a ser como era?

Não vai, nem o mundo e nem nós mesmos.

Nesse instante, somos outros. Lá fora já vemos uma nova realidade.

A gente não volta, só vai. E acredite, isso pode ser maravilhoso.

Estive me observando nesse momento de quarentena. Quanta coisa tenho criado, quantos projetos, pessoas e soluções criativas tenho encontrado.

Tudo isso sem sair de casa.

Talvez eu jamais me tornasse quem sou hoje, tão diferente de quem era há três semanas, se as coisas não tivessem mudado dessa maneira.

Percebo que esse pode ser um dos grandes segredos da evolução do nosso espírito.

Saber fluir, saber seguir, entender como estamos sempre indo, nunca voltando os mesmos.

Quem é você?

Quando pensamos em ir para a Índia, o que nos vem à mente?

Que é preciso se preparar bem, não é mesmo?

Tomar vacinas, estudar bem a rota, aprender o nome das diferentes divindades, procurar vagas nos disputados *ashrams* para meditar e, é claro, levar remédios para o estômago e intestino, pois a intoxicação alimentar parece ser algo comum entre os turistas.

Pois bem. Minha história foi um pouquinho diferente.

Eu estava vivendo um momento de grande cansaço e estresse no Brasil. Ao planejar uma viagem, precisava atender uma necessidade fundamental: relaxar sem correria. Me via sentado em areias branquinhas e fofas, de frente para águas cristalinas e azuis-turquesa. Isso era tudo o que eu queria – e merecia – naquele momento.

Eu e meu companheiro Alexandre decidimos percorrer o sudeste asiático.

Começamos por Bangkok e seguimos pelo norte da Tailândia. De lá fomos para o Vietnã, Laos e, então, Mianmar.

Até aquele momento, já estávamos viajando há mais de 35 dias e nada de águas azuis ou areias brancas. Íamos de um lugar a outro com sede de desbravar aquelas culturas, mas o que eu mais precisava, que era descansar em um paraíso natural, ia sendo postergado.

De acordo com os planos, voltaríamos para a Tailândia depois de Mianmar, mas, dessa vez, o destino seriam as praias paradisíacas do sul. Depois de alguns dias, seguiríamos para as ilhas de águas cristalinas das Filipinas, onde finalmente alcançaria meu objetivo de repouso.

Tudo parecia perfeito.

E seria, se não fosse a chegada de um furacão que devastou as Filipinas, trazendo um tempo chuvoso para todo o Golfo da Tailândia apenas alguns dias antes de partirmos.

Estávamos, então, em Mianmar, um país ainda pouco frequentado por turistas, diante de uma situação complicada. Faltava visitar os destinos que eu mais desejava, e era preciso decidir rapidamente o que fazer.

Começamos a pesquisar outros destinos possíveis, pois praias paradisíacas com chuva ou ilhas de águas cristalinas com furacão não estavam em nossos planos de férias perfeitas, muito menos se enquadravam no meu ideal de relaxamento.

Pensamos na possibilidade de ir à Indonésia. Quando olhamos a previsão do tempo, chuva para os próximos quinze dias.

O Camboja? Chuva e mau tempo também.

Malásia? Mesma coisa.

Singapura? Não tínhamos dinheiro suficiente para encarar um dos países mais caros do mundo depois de mais de um mês viajando.

Foi então que encontramos um lugar onde o sol brilharia intensamente pelos próximos quinze dias. Era a Índia.

Oi? Como assim?

Não posso ir para a Índia no esquema "só tem tu, vai

tu mesmo"! Preciso me programar, tomar vacinas, meditar, me preparar para receber a cultura indiana.

Mas, se já sou uma pessoa que flui naturalmente e vou onde o vento me leva, imagine então quando esse vento é um furacão.

Fizemos um pacto: só iríamos se os dois cumprissem à risca o combinado. Ou seja, nenhum de nós ficaria doente, nem comeria nada estragado ou contaminado. Nenhuma bactéria chegaria perto de nós e nos protegeríamos por meio de uma onda positiva que nos daria somente boas lembranças da Índia.

Parece absurdo, não é? Afinal, como poderia garantir todas essas promessas?

Pois saiba que essa atitude sempre funcionou para mim.

Trocamos as passagens, agilizamos a logística e, em menos de três dias, estávamos não apenas na Índia, mas em Varanasi, uma das cidades mais caóticas do país. É lá que acontecem, por exemplo, os rituais de queima de corpos à beira do rio Ganges. Sim, aquele rio considerado sagrado, mas conhecido também por suas águas poluídas.

De repente, a calmaria de Mianmar, a tranquilidade dos monges da Tailândia, a paz das montanhas do Vietnã e as cavernas silenciosas do Laos deram lugar a uma loucura de carros, motos, bicicletas e vacas, que andavam juntas e aos montes.

Havia uma quantidade absurda de pessoas circulando, além de muitos ambulantes e pedintes implorando por atenção.

A cidade parecia ser um caos permanente, com ruas esburacadas, poeira pelo ar, ratos em todo lugar, esgoto a céu aberto e uma constante sensação de que estávamos no caminho de alguém.

O primeiro impacto foi bem isso mesmo: um impacto.

É tudo aquilo que sempre ouvimos e mais um pouco. Muita gente, muita sujeira, muita pobreza e muitas, muitas cores.

Foi uma verdadeira loucura nos primeiros dias, mas, à medida que o tempo foi passando, fui encontrando os "porquês" de ter sido levado para lá por um furacão.

Já que eu estava na Índia, meu foco principal seria a meditação e o autoconhecimento. Eu sou desses.

O Alexandre estava mais focado em conhecer lugares, comidas e especiarias.

Participamos de todos os rituais possíveis.

Parecia uma espécie de transe constante e maravilhoso.

Mas algo muito estranho acontecia o tempo todo.

Das mais diversas formas possíveis, sempre alguém ou algum sinal me perguntava: "Você sabe quem é você?".

No início, achei bonitinho. Eram sinais. Prestei atenção.

Fui conversar com um Sadhu, como são conhecidos os homens sagrados, e, de repente, ele me perguntou: "Você sabe quem é você?".

Fui fazer uma massagem ayurvédica e a massagista, com a voz tranquila, me disse: "É importante saber quem você é".

Li uma mensagem sobre algum ritual, e lá estava: "Primeiro, é preciso saber quem você é".

Decidimos viajar de carro pelo Rajastão, que é uma região bem desértica, com uma história riquíssima, muitas cores e inúmeros palácios de marajás.

Naquele momento, aceitei que deserto não tinha nada a ver com meu sonho de águas azuis-turquesa e relaxamento. Entendi que, infelizmente, não seria naquela viagem que eu encontraria meu recanto de tranquilidade à beira-mar.

Contratamos um motorista, que viajou conosco por dezessete dias pelas principais cidades do estonteante Rajastão.

Comprei livros e baixei áudios de meditação. Li sobre os guias espirituais.

Entre uma cidade e outra, na longa estrada, eu lia, meditava e ficava em silêncio.

Nem preciso dizer que, em vários momentos, os textos me perguntavam: "Você sabe quem é você?".

No decorrer daqueles dias, em uma das minhas meditações mais profundas, uma imagem muito clara se formou em minha mente.

Eu me vi no futuro.

Estava de mochila nas costas, em cima de uma pedra, olhando para o horizonte.

Então, me senti seguro para responder àquela pergunta constante.

Consegui sentir claramente a paz de saber quem eu era.

Mas havia uma coisa que me intrigava.

Nessa visão do futuro, eu estava mais jovem.

Como isso era possível?

Voltei do transe, ainda no carro em movimento, a paisagem passando pela janela, os pastores de camelos, o deserto, o Alexandre ao meu lado estudando um pouco da língua hindu.

Continuei em silêncio. Aquilo havia sido muito intenso.

Paramos na cidade seguinte, Udaipur, e fomos recebidos de forma calorosa pela proprietária do hotel, que nos ofereceu um tchai no terraço, com vista para o antigo palácio.

Enquanto servia a bebida quente, ela me olhou e disse: "O importante na jornada é saber quem você é".

Ela só podia estar de brincadeira.

Depois daquele mergulho meditativo, daquela visão de futuro, ela, com um ponto vermelho marcando o terceiro olho na testa, me encara e me diz isso assim, na lata?

Algo importante estava no meu caminho.

Antes de sair do Brasil, quando comecei a planejar aquela viagem, eu estava em um momento estressante da minha vida. Havia várias coisas acontecendo nos âmbitos pessoal e profissional, muitos conflitos internos sobre os caminhos a seguir.

Sempre fui de me doar muito, e inúmeras vezes vi meus planos serem postergados em nome de sonhos e objetivos de outras pessoas.

Naquela longa viagem, eu estava em busca de relaxamento total, de uma paz que me mostrasse um caminho. Por isso havia visualizado praias, águas azuis, areias macias e tranquilidade antes de tudo aquilo começar.

Fiquei ali, encarando aquela mulher com roupas coloridas e véu na cabeça enquanto ela nos recebia.

Precisava entender o que aquilo significava.

Passamos os dias seguintes conhecendo as maravilhas do Rajastão. Comidas inesquecíveis, arquitetura de cair o queixo, histórias para levar no coração.

E, em diversas situações, alguém ou alguma coisa sempre me lembrava da pergunta insistente.

Terminamos o percurso de carro em Nova Déli, mas ainda faltavam dez dias para voltarmos ao Brasil. Então, pegamos um trem noturno com destino a Rishikesh, ao norte do país e aos pés do Himalaia.

Rishikesh é uma cidadezinha sagrada que reúne, há centenas de anos, pessoas que praticam meditação ou que estão em busca de desenvolvimento espiritual. Depois de quase vinte dias rodando dentro de um carro, decidi que ficaríamos pelo menos sete dias por lá.

Não queria mais rodar. As férias estavam acabando e eu não me sentia relaxado.

Já que não tinha conseguido ir às praias de águas azuis e areia branca, pelo menos iria aprimorar minhas técnicas meditativas.

Chegamos ao nosso hotel, indicado por uma agência de turismo de Nova Déli. Por ser um pouco mais distante do centrinho oficial da cidade e ter acabado de inaugurar, o valor era bem mais acessível, mesmo se tratando de um serviço de alta qualidade.

Para quem já tinha passado por experiências curiosas na viagem e dormido a noite toda em um trem, encontrar camas confortáveis, lençóis novos e chuveiro quente foi um sonho.

Segundo o recepcionista, era possível ir andando até a área turística onde ficam os *ashrams*. Ele nos explicou como fazer o percurso pelas margens do rio.

"Que rio?", perguntei. Eu ainda não sabia nada de Rishikesh.

"O Ganges", ele respondeu.

Estávamos ao pé das montanhas do Himalaia, e o rio nascia ali.

Sim, o mesmo rio Ganges sagrado da Índia, que percorre todo o país até chegar a Varanasi, primeira cidade que visitamos.

Seguimos as coordenadas e rapidamente chegamos à margem do rio. Parei na mesma hora.

O Alexandre continuou andando e nem percebeu que eu tinha ficado para trás.

Quando ele voltou, me encontrou paralisado olhando para o Ganges.

Eu tinha perdido o ar.

Estava confuso, não sabia se chorava ou se ria.

O rio Ganges ali, ao pé das montanhas, onde acabava de nascer em toda a sua plenitude abençoada, era azul-turquesa.

As águas seguiam seu curso em meio às pedras arredondadas, formando pequenas praias de areias finas e brancas.

Era a visão que eu havia tido.

Era ali que eu precisava estar.

Sentado, tranquilo, meditando, em frente àquelas águas cristalinas.

Não era para uma praia movimentada na Tailândia que meu destino me chamava. Era para as montanhas da Índia, às margens do rio Ganges.

Olhei para o Alexandre e nos emocionamos.

Meus próximos dias ali seriam preenchidos somente pelo silêncio diante daquelas águas turquesas.

No dia seguinte, descobrimos que um guru estava iniciando os dias de Satsanga, que são encontros nos quais esses mentores compartilham seus ensinamentos iluminados.

Conseguimos nos inscrever.

No primeiro dia, aguardamos o guru sentados em roda, com a música tocando nossos corações, em estado profundo de tranquilidade espiritual.

Então ele entrou, uma pessoa de paz, com o caminhar leve, a aura brilhante e o sorriso aberto.

Sentou-se e olhou cada um de nós profundamente. Depois de respirar fundo, a primeira coisa que ele disse foi:

"Você sabe quem é você?"

Acredita?

Pois é. Ele falou isso.

Olhei para o Alexandre e ficamos sem acreditar. Algo definitivamente havia me chamado até ali.

Passamos os próximos dias nessa rotina: Satsanga de manhã, comida boa e barata nos *ashrams* na hora do almoço e meditação e leitura nas praias brancas à tarde, de frente para o belíssimo azul-turquesa das águas.

Muito melhor do que eu havia sonhado.

Mas e quanto àquela visão em que eu aparecia de mochila, no alto de uma pedra, olhando o horizonte com a sensação de que havia encontrado uma resposta?

Parei de pensar naquela história, pois não fazia sentido. Certamente era uma lembrança do passado, não uma visão do futuro.

Quanto mais me silenciava, mais me conectava com aquele lugar, com aquela paisagem, com a força do rio limpo em seus primeiros caminhos, com os sons dos rituais, com a tranquilidade que me distanciava do estresse que eu vivia no Brasil antes de tudo aquilo acontecer.

No penúltimo dia em Rishikesh, na companhia de amigas que fizemos nos Satsangas do guru, decidimos conhecer a caverna Vashistha, um dos lugares mais sagrados da Índia. Fica cerca de 25 quilômetros acima de Rishikesh, mais próximo ainda da nascente do rio Ganges.

Era nossa despedida de tantos dias de viagem e de encontros pessoais.

Eu me sentia realizado, mais leve, mais tranquilo, mais decidido sobre o que era e o que não era bom para mim.

Se durante toda a viagem eu estive em busca de quem eu era, essa resposta agora fazia parte da minha essência.

Entramos na caverna com a alma conectada a tantas outras que já haviam passado por ali em busca de paz por meio da meditação, da boa alimentação e da prática da yoga.

Ao sair, estávamos todos em silêncio.

Andamos até uma praia de pedras às margens do Ganges. Todos se sentaram, tiraram os sapatos e sentiram a bênção daquelas águas. Estávamos em harmonia profunda com o que sentíamos naquele momento.

Eu estava emotivo. Quis me despedir sozinho daquele cenário tão sonhado.

Calcei os tênis, coloquei a mochila nas costas, fiz um sinal para os amigos e caminhei para mais longe, pulando de pedra em pedra.

Quando alcancei uma certa distância, completamente envolto por aquela experiência, me lembrei de uma informação muito importante. O último ônibus para Rishikesh sairia em quinze minutos, e ainda precisávamos subir toda a escadaria para voltar. Além disso, eu estava longe de todos.

Comecei a correr para não perder o ônibus.

Eu corria e ria ao mesmo tempo, de tão leve que estava, tão cheio de amor e de boas energias.

No meio do caminho, parei.

Precisava olhar de novo aquela cena, me despedir como merecia, agradecer por ter sido conduzido a uma das mais belas e potentes experiências de autoconhecimento.

Subi em uma pedra um pouco mais alta para ter uma visão ampla do horizonte e fiquei ali me despedindo, com um sorriso no rosto. De repente, me toquei.

Lá estava eu de mochila, olhando para o horizonte de cima de uma pedra, feliz por ter plena consciência de quem eu era. Feliz com a certeza de que estou nesse mundo como uma centelha divina, pronto para deixar a luz expandir por todas as direções.

Me sentia mais leve, mais tranquilo e relaxado, mais certo dos caminhos que precisava seguir.

Eu estava renovado. E mais jovem de espírito.

Reativar energias

Ao escrever sobre minha experiência na Índia, além de reviver intensamente as histórias e ensinamentos que experimentei por lá, me toquei de algo muito importante.

Quando terminei o texto, me emocionei tanto que precisei levantar, respirar, sacudir um pouco o corpo. Foi como se eu tivesse sido invadido pela mesma energia positiva que senti durante aquela experiência.

Quase uma hora depois, mesmo mais calmo, meu corpo ainda parecia estar em estado de dormência, como se tivesse recebido uma descarga elétrica ou outra coisa capaz de me manter consciente de tudo ao meu redor.

Não exagero ao dizer que eu parecia levitar. Uma sensação tão boa, tão positiva, tão revigorante.

Fui dormir feliz por ter revivido tudo aquilo em Rishikesh, com a certeza de que o dia seguinte seria um novo dia.

Quando acordei, caminhei calmamente pela sala, observando as plantas. Eu ainda estava em êxtase.

Meu coração parecia ocupar cada poro do meu corpo, pulsar em cada planta, em cada objeto, em cada milímetro da minha casa.

Para dizer a verdade, eu sentia como se ocupasse o planeta inteiro.

Fechava os olhos e enxergava uma luz além do que os olhos poderiam ver.

Eu estava em harmonia com o todo.

Após o banho, sentei para o café. Me sentia diferente.

Minha voz estava mais calma e meu peito exalava amor. E não era aquele amor entusiasmado, não. Era sereno, novo.

Só voltei a escrever três dias após o relato sobre a Índia.

Já consigo entender um pouco melhor o motivo de todo esse sentimento, e acredito, sinceramente, que você pode colocar esse ensinamento em prática na sua vida. Inclusive, você será capaz de ativar esse ensinamento a qualquer momento do futuro.

Foi realmente emocionante passar aqueles dias na Índia, às margens da nascente do rio Ganges, onde vários sinais me instigaram a ir em busca de quem eu era. Ali, vi despertar uma luz jamais sentida.

Mas essa não foi a única experiência forte e positiva que vivi. Já tive muitas vivências enriquecedoras para a alma em diferentes lugares, com diferentes pessoas.

É sobre isso que quero falar com você.

Como eu estava descrevendo minha experiência em detalhes, precisei reviver tudo intensamente para colocar meu sentimento no texto que escrevi a você. Isso fez com que as sensações daqueles dias surgissem com mais força em minha memória, me transportando, de certa forma, para aqueles dias, para aquele lugar.

Entende?

Ao me concentrar nos detalhes reais daquela história, despertei em mim uma luz tão forte que senti, nos momentos e dias seguintes, como se realmente tivesse vivido tudo de novo.

Ainda me emociono ao escrever sobre isso.

Essa é mais uma lição que você pode aplicar na sua vida.

Escolha um momento em que você viveu algo positivo, mas muito positivo mesmo. Pode ser um acontecimento marcante, um encontro que mudou sua forma de pensar, uma situação que te despertou para um novo caminho ou simplesmente uma conversa que fez você se sentir amado.

Então, escolha um momento do dia em que você possa relaxar e sente-se no sofá, ou deite-se na cama.

Feche os olhos e vá, aos poucos, percorrendo os passos, revivendo os detalhes dessa experiência feliz.

Sem pressa. Mergulhe e viva novamente.

Se der, recomendo que faça como eu: escreva.

Tente narrar a si mesmo cada gesto, cada palavra, cada sentimento despertado.

Vá fundo.

Você talvez não tenha ideia do que é viver, pela segunda vez, um acontecimento do passado que te fez bem, mas sendo quem é hoje.

Admito que, da primeira vez, acreditei ter entendido, assimilado, agradecido. Hoje, porém, vejo que vivi tudo aquilo para vir a compreender ainda mais agora, no minuto em que digito essas palavras.

Se fui abençoado com uma luz naquele dia, hoje há um holofote aceso bem em cima de mim. Recomendo.

---

*P.S.: use essa poderosa técnica para se libertar, para se fazer feliz, para abrir seus caminhos, e não para persistir em situações ou relacionamentos que te trazem sofrimento.

A tristeza me ensina

Normalmente eu acordo muito feliz.
É algo meu, desde sempre.
Dia desses, alguém comentou que queria ser como eu, uma pessoa "que está sempre feliz".
Como assim?
Não sou alegre o tempo todo, sabia? Também sinto tristeza, raiva, frustração e tudo o que diz respeito à humanidade.
Acredito que o equilíbrio é um sinal de saúde. Todos temos dias felizes e dias tão tristes que chegam a dar dó. No entanto, a forma como olhamos e vivenciamos os momentos ruins é que pode ser a chave não só para sair do limbo, mas para entender o que a tristeza estava tentando nos dizer.
Já reparou nisso?
Sempre pensei que, se chegamos ao fundo do poço, é porque algo quer nos alertar sobre um novo caminho a ser seguido.
Vou te contar como costumo fazer e você avalia se faz sentido pra você também, ok?
São muitos os motivos que podem nos deixar pra baixo, mas, quando atinjo esse estado de tristeza, sei que alguma coisa está para acontecer.

É mais ou menos como estar em um buraco escuro, procurando por uma pequena fresta de luz que tenho certeza que está ali, por mais que eu ainda não esteja enxergando. Ainda.

Então, desenvolvi um jogo para essas horas difíceis: o Jogo dos Dois Lados.

De um lado, estou triste, choro, faço drama, acho que o mundo vai acabar. Ando de cabeça baixa e custo a sair da cama. Prefiro não falar com ninguém.

Do outro, viro um detetive. É isso mesmo. Por mais derrotado que eu esteja, por mais devagar que minha mente funcione, dou um jeito de despertar o meu "eu" detetive.

E sabe qual é a missão?

Encontrar a luz que vai me tirar daquele poço, o novo caminho que só serei capaz de enxergar quando entender qual lição vou tirar dali para evoluir como pessoa.

Quer um exemplo?

Eu já tinha completado 30 anos quando sofri minha primeira dor de amor.

Bem tarde, eu admito.

Foi algo diferente de ser rejeitado por alguém que você gosta e não é correspondido. Nesse caso, era sofrimento de amor bravo mesmo, para o qual a única solução era sofrer até não aguentar mais e esperar o tempo curar.

E curou, mas até lá, como doeu!

Pois bem. Lá estava eu, enterrado no fundo do poço, achando que ia morrer de amor, quando comecei a gargalhar.

Imagina? Num minuto eu estava chorando, gritando, rasgando o peito, e, no outro, caía na risada.

Veja como tudo passou a fazer sentido para mim.

No auge da minha dor, aos 30 anos de idade, percebi que nunca tinha vivido na pele e na alma o que eu via nos filmes, nas novelas, nos romances. Não entendia nada do que sempre ouvia nas músicas.

Claro, se eu nunca havia realmente sofrido por amor, como poderiam aquelas histórias fazerem sentido para mim?

Quando caí na risada, foi porque me vi em uma cena de cinema, mas era real. Eu finalmente entendi o que estavam me dizendo.

Ao perceber isso, encontrei uma pequena fresta de luz, o sinal de um novo caminho, e imediatamente me vi como uma pessoa mais vivida, mais evoluída, mais cheia de experiências.

Juro que gostei de saber que eu não morreria sem entender o que era aquele sentimento.

Como estava vivendo um momento hollywoodiano, pressenti que a solução viria passo a passo, subindo as escadas daquele buraco onde eu estava jogado.

Só que, agora, meu olhar estava focado na luz.

Eu queria me apaixonar de novo, e não estava disposto a jogar a toalha na primeira situação que me despertasse aquele sentimento. Por isso eu dava risada – e é quase cômico interpretar isso assim.

Eu sofro até acabar. Não nego nem paro no meio. É como se lavar até tirar toda a sujeira, sabe?

Trata-se de viver o luto ao limite para, quando tudo estiver mais limpo, recomeçar.

Não sei onde aprendi isso.

Tenho o palpite de que já vim assim de fábrica.

Encaro a dor como uma escada com muitos degraus, como uma oportunidade de avançar um passo de cada vez em direção à pessoa que a vida quer que eu me torne.

Tornar a tristeza uma aliada, mesmo que seja difícil, é algo que te fortalece.

Consegue se colocar nessa situação? Já sentiu uma

tristeza tão profunda sem sequer imaginar de onde vinha? Já experimentou uma angústia sem motivo aparente?

É nesses momentos que precisamos reorganizar nossas energias e nossa conexão com o sagrado. Afinal, este pode ser um aviso de que algo maravilhoso se aproxima.

Sim, sempre tendo a ver algo positivo nas coisas, e entendo a tristeza como uma espécie de freio na vida, pedindo atenção para um aspecto que eu talvez jamais me atentasse se estivesse me enganando com as distrações do mundo.

No dia a dia, nunca temos tempo de nos dar a devida atenção, de ver os caminhos diferentes brilharem à nossa frente. Quando estamos tristes, porém, ficamos mais silenciosos, reclusos e pensativos. Analisamos nossos sentimentos e olhamos mais para nós mesmos.

É parecido com a mecânica de um estilingue. Como se algo nos puxasse junto ao elástico. Quando pressionados, nos sentimos tensos, mas sabemos que logo seremos liberados para voar alto, longe.

É assim que me sinto quando estou triste. Me transformo em uma espécie de detetive, certo de que vou encontrar a luz, e em uma espécie de estilingue, que não tem medo de ser arremessado ao desconhecido pois confia que ele é vasto e sempre cheio de novas possibilidades.

---

*P.S.: em situações mais delicadas, como as que envolvem questões de saúde, perda de pessoas queridas ou necessidades reais de sobrevivência, como depressão, sugiro sempre que você busque por ajuda profissional.

Alguém parecido com você

Tenho uma amiga querida que vivia querendo me apresentar a um amigo.

Segundo ela, ele era muito parecido comigo e, por isso, dali certamente surgiria uma amizade.

Pois veja que interessante.

Fiquei curioso para entender o que ela queria dizer com "parecido comigo".

O que você acha quando dizem que uma pessoa é parecida com você?

Nunca parou pra pensar nisso, não é?

Pois eu fiquei encucado e pensativo.

Como eu sou?

Como sou percebido pelas outras pessoas?

Quais os pontos de afinidade entre mim e o outro?

Acho esse exercício uma ótima oportunidade para questionar tudo que percebemos nos outros como uma característica em comum.

Trata-se de algo positivo? Ficarei feliz em saber que aquela similaridade me representa?

Se eu tivesse que descrever o que uma pessoa precisaria ter para se parecer comigo, que características seriam essas?

Das que conseguiu enumerar, quais te deixam mais orgulhoso de si mesmo?

Pense nisso.

Voltando ao amigo da minha amiga, acabamos nos encontrando em um jantar, por acaso.

Fisicamente, éramos muito diferentes.

Fiquei curioso para saber a opinião dele sobre questões relacionadas à espiritualidade, relações profissionais e pessoais.

Já nos primeiros minutos, me esqueci totalmente da nossa suposta semelhança e me entreguei à descoberta daquela nova pessoa.

Somos únicos, mas descobrir que as singularidades dele batiam com alguns dos meus pensamentos e atitudes foi um conforto.

Posso dizer que me senti como se estivesse de frente para um espelho, mas sem ver meu reflexo. Em vez disso, o que vi foi um indivíduo que vinha do mesmo lugar e que emanava a mesma luz que eu.

Tínhamos muitas diferenças, mas éramos mesmo muito parecidos. Isso é mais forte do que qualquer característica física ou atitudes isoladas em um mundo material.

Depois dessa experiência, realmente sugiro que você faça esse exercício.

Se você se encontrasse por aí, se tornaria seu amigo?

Ao se conhecer mais a fundo, se identificaria com seus valores de vida?

Se conversasse consigo por horas, se interessaria pela sua forma de enxergar o mundo?

Acho que essas perguntas fazem toda a diferença na forma como conduzimos nossa existência.

Não se trata de narcisismo. Trata-se de se olhar e se perceber sem máscaras.

De ser sincero em sua mais clara essência.

Uma pessoa parecida contigo... Como seria alguém assim?

O que você acharia dela?

O que enxergaria através desse espelho da verdade?

Confie que vai dar certo

Essa história que vou te contar agora é forte.

Não só por ser real e por trazer ensinamentos ao longo de todo o caminho, mas por eu estar, literalmente, vivendo dentro dela até hoje.

Morei em Londres durante quatro anos da minha vida, e, ao retornar ao Brasil, escolhi São Paulo para recomeçar.

Eu não conhecia praticamente ninguém na cidade, apenas uns dois amigos.

Imagina? Uma cidade desse tamanho, um fotógrafo iniciante recém-chegado, desconhecido, com um mercado extremamente concorrido a ser conquistado.

No início, fiquei hospedado na casa de um grande amigo, o Leandro, e depois na casa do Olegário, amigo recente naquela época, até que surgiram duas possibilidades: morar sozinho em um apartamento de vinte metros quadrados ou alugar um quarto em um apartamento com desconhecidos.

Eu estava quase escolhendo a segunda opção quando o Leandro veio me questionar. Expliquei que era a escolha mais barata e segura, pois eu estava apenas começando minha vida em São Paulo e não estava pronto para encarar um aluguel sozinho, sendo autônomo.

Sabe o que ele me disse, sendo um dos meus melhores amigos e me conhecendo há anos?

"Alguma vez na sua vida, algo deu errado?"

E ele tinha razão.

Sempre acreditei que aquilo que desejo, seja lá o que for, vai acontecer, pois caminhos se abrem quando despertamos.

Aceitei o desafio.

Morei um ano num apartamento minúsculo e não só honrei todas as despesas sem atrasos, como prosperei no mercado.

No final do contrato, um apartamento de cem metros quadrados vagou no mesmo prédio.

Quando visitei o imóvel, me apaixonei.

Era tudo o que eu sempre havia desejado em termos de arquitetura, e me lembrava dos bons momentos que vivi em Londres.

Queria muito me mudar para lá, mas não era somente o espaço que aumentaria: as despesas chegariam a ser três vezes maiores.

Mais uma vez, meu amigo Leandro me perguntou: "Alguma vez na sua vida, algo deu errado?".

Não, eu sabia que não.

Na verdade, não era uma questão de dar certo ou errado. É que eu simplesmente nunca tive plano B. Acreditava tanto que algo daria certo, que acabava dando.

E se não acontecesse como eu havia planejado no início, recalculava a rota do plano A, me adaptava, absorvia as novas informações e seguia em outra direção a partir dali, mas sem jamais voltar atrás.

Então, me mudei. Assumi uma despesa três vezes maior do que estava acostumado. Mesmo sendo autônomo, acreditava que cumpriria aquele desafio.

Só que me apaixonei, e por essa eu não esperava.

Sim, fiquei completamente apaixonado pelo apartamento novo. Agradecia todos os dias pela energia do lugar, pela arquitetura espetacular, pelo concreto aparente, pelos tijolos à vista, pelo piso de madeira.

Tudo nele era perfeito.

Foi ali, em meio à paz que aquele apartamento me trazia, que escrevi a série da Espiral de Mudanças.

Minha vizinha Lili, que se tornou uma amiga amada, certo dia me perguntou por que eu ainda não tinha meu apartamento próprio.

Expliquei que eu não queria ter algo que me prendesse. Era livre, e se um dia eu quisesse me mudar novamente, colocaria tudo na mala e pronto.

"Para que me preocupar com uma dívida ou um imóvel?", eu pensava na época.

Ela me olhou descrente e comentou:

"Engraçado, achei que seria mais fácil. Se o apartamento é seu, basta trancar a porta e está livre para ir aonde quiser. Quando voltar, basta abrir a porta que tudo estará lá."

Isso que ela disse naquele momento, daquele jeito, fez muito sentido para mim.

Imagine! Eu ali, custando para pagar o aluguel, e alguém me diz para comprar um imóvel?

Só uma coisa era certa: ela havia me dado um novo desafio.

Agora, meu sonho era comprar aquele apartamento. Havia sentido que ele era meu desde o primeiro dia em que entrei.

Na segunda-feira seguinte, fui conversar com meu gerente no banco para entender como poderia fazer. Eu não tinha nem ideia por onde começar.

Segundo ele, era "fácil". Eu precisaria entrar com vinte por cento do valor do imóvel e o banco financiaria o restante em trinta anos.

Saí de lá pensativo.

"Alguma vez na sua vida, algo deu errado?"

Me lembrei do Leandro.

É de vinte por cento que preciso? Então, vou conseguir.

Com as regras do jogo na mesa, a decisão de fazer acontecer era somente minha.

Considerando tudo que te contei neste livro até agora, você já deve estar imaginando que eu precisava movimentar uma energia de realização para fazer acontecer, certo?

Pois bem. Cheguei em casa animado. Olhei para cada detalhe do apartamento e, naquele instante, eu soube: ele será meu, ele já é meu.

Passava as mãos nos tijolos à mostra, no concreto aparente, rodava pelos cômodos e sentia aquela energia.

Eu ainda não sabia como, mas tinha certeza de que tudo daria certo e de que em breve eu não seria mais o inquilino, mas o proprietário daquele sonho.

Minha cabeça explodia com ideias, conexões, possibilidades. Eu estava em constante estado de meditação, só que acordado.

Os dias foram passando, as semanas voando, e nunca tive tantos pedidos de orçamento, vendas de quadros, clientes novos, contratos renovados.

Me lembro claramente da cara que meu gerente do banco fazia toda semana, quando eu ia conferir se já estava alcançando os vinte por cento.

"Como você consegue isso?", ele me perguntava.

Eu não sabia responder. Só sabia que estava em um estado de conexão tão forte com o sagrado, que recebia de peito aberto todos os trabalhos que surgiam em uma demanda inacreditável.

Passei meses dormindo pouco, trabalhando muito, produzindo feito louco e focado no meu objetivo. Em pouco tempo, juntei o valor necessário para dar entrada no apartamento.

Mas havia um pequeno detalhe com o qual eu não contava: a dona do imóvel, mesmo sabendo do meu interesse, tinha desistido da venda.

Veio toda feliz me dizer que não venderia mais.

Como? Tudo estava tão alinhado que era impossível ela não me vender. Surge aqui, então, o maior e melhor dos ensinamentos dessa história:

"O que é seu por direito divino virá até você."

Já falei aqui sobre esse mantra poderoso, mas é preciso ler com cuidado. O que você deseja só virá "se for seu por direito divino", ou seja, se for para você ser realmente feliz com aquilo.

Então, comecei a conversar com o apartamento, entrando em harmonia com ele e dizendo:

"Se for para você ser meu por direito divino, que todos os caminhos se abram e isso se torne realidade. Mas, se minha felicidade real estiver em outro lugar, que outro apartamento igual ou melhor venha até mim."

Preste atenção no que escrevi acima.

Eu só queria o que fosse realmente meu. Se o que eu desejava não estivesse no caminho da minha felicidade, algo melhor ou similar havia de surgir em minha vida.

Mas como poderia não ser aquele apartamento? Quando eu fechava os olhos, conseguia me ver andando pelo espaço aberto, sentia os tijolos, as colunas, as vigas de concreto, os tacos antigos sob meus pés.

Era estranho, sim. Mas, consciente do poder das energias que compartilho aqui com você, continuei entrando em harmonia com esse novo lugar, que imaginava melhor ou similar ao meu ideal.

Com o passar dos dias, meu coração já estava ciente de que a dona jamais venderia aquele apartamento. Então, se eu queria um novo espaço melhor ou similar, ele também precisaria ter sido construído na década de 1950, certo? Não se tratava de um imóvel na planta, mas de um que já existia. E se existia, para encontrá-lo bastava me sintonizar com ele.

Comecei a conversar com meu novo apartamento.

Onde ele estava? Em que bairro? Como ele era?

As únicas coisas que eu tinha certeza é que teria tijolos à mostra, vigas e colunas de concreto, o pé-direito alto, janelas grandes, uma cozinha aberta para a sala (ou a possibilidade de reformá-la), piso de taco e, é claro, eu feliz ali dentro.

Essas certezas eram tão fortes que eu sequer procurei em imobiliárias ou anúncios.

Certo sábado, acordei de supetão e pulei da cama, dizendo a mim mesmo: "Meu apartamento! Meu apartamento!".

Que sentimento era aquele?

Juro. Era como se meu apartamento me chamasse naquela manhã.

Tomei um banho rápido, um café às pressas, e decidi sair pelas ruas em busca da minha futura casa. Como minha vizinha Lili havia plantado essa semente na minha alma, convoquei sua companhia nessa empreitada.

Me lembrei de um apartamento a duas quadras dali e logo pensei que ele seria o escolhido. Mas, chegando à porta, antes mesmo de andar pelos cômodos, eu já quis ir embora.

Só de olhar já sabia que não seria ele.

"Como assim?", a Lili me perguntou.

Eu já tinha visto meu apartamento. Já sabia como ele era, e não era ali.

"Ele não tem as janelas que visualizei, nem a luz natural ou o chão de madeira. Não dá nem pra integrar a cozinha. Vamos embora", respondi.

Ela riu e disse que não era dessa forma que eu encontraria meu apartamento. Mas eu sentia que um lugar estava me chamando, e certamente não era aquele.

Decidimos andar pelo bairro e perguntar aos porteiros.

Depois de algumas horas, confessei à Lili que não sentia que meu apartamento estava naquele bairro. Eu precisava cruzar a avenida para o bairro seguinte.

"Você está maluco?", ela me questionou.

Naquela época, mesmo sendo a apenas duas ruas dali, esse outro bairro era considerado mais perigoso, mais boêmio.

Lili quis voltar para casa. Parecia ser o aval que eu precisava.

Enquanto ela caminhava de volta, senti uma urgência interna e subi a ladeira feito louco, chegando esbaforido à avenida. Ao cruzá-la sozinho, talvez pela primeira vez naquelas ruas, avistei de longe, por entre os edifícios, um predinho a umas duas quadras da esquina onde eu estava.

Era ali. Algo me dizia isso.

Corri tanto ao descer a rua que achei que fosse cair.

Enquanto esperava para atravessar, avistei um pequeno papel branco colado na porta do prédio.

O que seria aquilo?

Finalmente consegui atravessar. No papel, estava escrito: "Vende-se. Tratar direto com o proprietário".

Liguei imediatamente para o número indicado e fui atendido por um senhor.

"Bom dia, estou interessado em comprar o apartamento. Posso dar uma olhada?", perguntei.

Mas ele respondeu que tinha acabado de sair dali. Havia passado a manhã inteira no imóvel, só retornaria na terça-feira seguinte.

"Que estranho", pensei. Eu sabia que precisava ir até lá, corri o máximo que pude, mas, por alguns minutos, o perdi.

Insisti se havia alguma forma de ver o apartamento naquele sábado, mas era impossível para ele.

Eu estava nitidamente agoniado.

"Fiz um desenho da planta baixa. Se você quiser, te mando assim que estacionar o carro", ele ofereceu.

Fiquei ansioso esperando o desenho.

Era ali. Eu sabia disso sem sequer ter visitado o lugar.

Quando recebi a imagem, quase chorei.

Respondi imediatamente, sem meias-palavras:

"Esse apartamento já é meu. Nos vemos na terça."

Aquele senhor deve ter pensado que eu era no mínimo maluco. Comprar um apartamento sem visitar, apenas com um desenho à caneta da planta baixa, visto pelo celular?

Acontece que eu tinha certeza da minha decisão, pois estava altamente conectado com o que era meu por direito divino. Enxergava além do que os olhos podiam ver.

Na terça-feira seguinte, na hora marcada, lá estava eu, de prontidão.

O porteiro me deixou subir.

Ao entrar, você acha que enxerguei os cômodos divididos por paredes, os acabamentos velhos, as janelas encardidas, o piso detonado e o mau gosto para os detalhes? Não.

Fiquei parado na porta, encantado. Tive uma espécie de visão raio X.

Ali, diante daquele imóvel velho e caindo aos pedaços, eu via a minha casa pronta, com janelas imensas e tijolos aparentes, com colunas e vigas de concreto.

Não havia nenhuma pista de que, ao tirar as paredes, eu conseguiria o tão sonhado conceito aberto, muito menos que os revestimentos me revelariam tijolinhos maciços por baixo.

Mas minha intuição seguia me dizendo que aquele era o lugar certo para mim.

"Bom dia!", escutei uma voz simpática ecoando ao longe.

Era um pintor, que estava dando um tapa nas paredes para estimular a venda.

"Olha, pode parar de pintar. Essas paredes não existem mais. Não gaste suas tintas", eu disse a ele.

Ele me olhou desconfiado. Como um suposto comprador poderia pedir uma coisa dessas? Parar de pintar?

Chego a dar risada quando lembro disso.

Logo chegou o proprietário. Era um senhor muito sorridente, desses que já dão vontade de abraçar.

"Bom dia, tudo bem?", ele perguntou.

"O apartamento é meu, como fazemos para acertar a compra?", respondi assim mesmo, direto e reto.

Claro que ele ficou feliz, pois queria muito vender o imóvel.

Começamos a falar dos detalhes, até que, em certo ponto, ele começou a me contar histórias das frustradas tentativas de vendas anteriores.

Ele contou que não apareciam muitos compradores, e os poucos que surgiam o enrolavam ou não eram aprovados. Então, decidiu que precisava fazer algo para melhorar a energia do apartamento.

Segundo ele, no sábado que telefonei – ou seja, naquele dia que pulei da cama de supetão, sentindo o chamado da minha futura casa –, ele havia passado a manhã rezando e jogando água benta em todos os cômodos para chamar a pessoa certa, para atrair o novo proprietário que seria feliz ali. Sim!

Foi assim que recebi meu chamado.

Tudo que você consegue ser

Eu sempre quis encontrar a profissão dos meus sonhos, mesmo que nem soubesse ainda com o que trabalharia.

Eu só tinha uma certeza na vida: queria que meu trabalho refletisse o que de melhor havia dentro de mim. Queria que a minha produção me trouxesse tanto prazer que eu nem sentiria que estava trabalhando.

Aliás, vou confessar uma coisa que descobri recentemente. Eu não gosto de trabalhar.

Pronto, falei!

Na verdade, esse conceito de trabalho que nos foi ensinado é que não me agrada nem um pouco.

Pense comigo.

Associamos trabalho a algo que somos obrigados a fazer para sobreviver. A imagem que criamos, então, reflete sofrimento.

Precisamos encarar horas do nosso dia convivendo com chefes autoritários, ou fazendo algo que não vemos a hora de terminar, e esperamos onze meses para, enfim, termos alguns dias de férias. Essa é a recompensa por tanto esforço: alguns dias para descansar.

Na maioria das vezes, sequer paramos para questionar esse conceito de produtividade que nos foi ensinado.

Se trabalhar significa fazer parte desse sistema enlouquecedor, que nos faz sofrer por tanto tempo para um dia, quem sabe, receber uma aposentadoria quando provavelmente já nem teremos tanta disposição para viver intensamente, então, que fique claro:

Eu não gosto de "trabalhar".

Isso pode soar estranho. Afinal, sou do signo de capricórnio, cuja característica mais conhecida é a dedicação ao trabalho.

Tem gente que até nos classifica como chatos, sabia?

Por quê? Justamente porque só pensamos em trabalho, porque consideramos essa a coisa mais importante da vida.

Não parece contraditório, então, me ver afirmando que não gosto de trabalhar?

O que quero dizer aqui, e quem sabe abrir os seus olhos, é que esse conceito nos foi imposto desde cedo. Nós o herdamos de muitas e muitas gerações passadas, por isso ele pode e deve ser questionado.

Nunca aceitei essa ideia triste e limitante de produtividade.

Para mim, quando desenvolvemos nossos talentos pessoais, quando aprendemos a responder às diferentes demandas com o que fazemos de melhor, produzindo com amor e dedicação, ressignificamos para melhor a palavra "trabalhar".

Desde muito jovem, então, procuro abrir a mente em busca daquilo que os sábios sempre ensinaram:

"Trabalhe com o que você ama e nunca mais trabalhará na vida."

Foi isso que fiz. Acreditei nesse mantra e não duvidei da minha capacidade.

Atualmente, acordo cedo, entre cinco e seis da manhã, e produzo até umas nove da noite, todos os dias.

E olha que engraçado. Mesmo levando uma rotina que muitos achariam pesada, não vejo nada dessa imagem de trabalho que nos foi enfiada goela abaixo.

Então, se posso compartilhar mais um aprendizado com você hoje, é esse questionamento:

Você já parou para pensar em tudo o que poderia ser se apenas fosse você mesmo?

Estou dizendo que é fácil?

Não.

Estou pedindo a você para jogar tudo para o alto e arriscar sua sobrevivência?

Não.

Estou aconselhando você a se demitir, a dizer todas as verdades aos seus chefes abusivos?

Não.

Estou apenas te provocando para que, talvez, você encontre respostas ao questionar o porquê de muitas escolhas.

Nossa sociedade é tão complexa, tão cheia de demandas diferentes, que não importa quem você quer ser ou o que gosta de fazer. Acredite, sempre haverá procura.

Mas cuidado, pois aí também pode haver uma armadilha.

Nossos prazeres, distrações e paixões não podem ser confundidos com aquilo que vai nos gerar dinheiro no dia a dia. Não é porque amo pizza que vou encarar a complicada administração de um restaurante, certo? Também não é porque sou apaixonado por crochê que vou apostar todas as fichas em viver dessa arte. E quem disse que seu amor pelos animais vai te dar prazer ao tocar um pet shop de segunda a sábado?

O que tanto aconselho a você, então, é que se dedique a esse encontro real com a sua essência. Que descubra não só o que ama fazer, mas também uma forma de ganhar dinheiro com isso.

Ao descobrir a coisa certa, você entenderá imediatamente que essa é uma escolha que vem da alma, e não um capricho da mente.

Procure por algo que você faça com tanto amor que nem veja o tempo passar. Algo que te dê força e disposição para enfrentar as diversas crises que eventualmente virão.

Eu não gosto de "trabalhar", mas trabalho feliz a maior parte dos meus dias porque ressignifiquei a palavra trabalho.

Imagine acordar animado com o que você vai produzir, com as pessoas que vai encontrar, com a forma como seu talento vai contribuir para melhorar o mundo.

Veja-se radiante, alegre, próspero.

Quando essa visão se concretizar, você nunca mais precisará trabalhar.

As voltas que o mundo dá

Sou fotógrafo, e acredito que a maioria de nós sonha em, um dia, ter um livro publicado. Ter a chance de editar seu trabalho, de contar uma história através de imagens.

Acho que, quando vemos nosso livro pronto, bem produzido, em capa dura, com fotos lindas e um papel de qualidade, tudo isso chancela nosso trabalho.

Comigo não era diferente.

Queria, sim, ter meu livro publicado, mas que fosse sobre um projeto específico, e não uma coletânea com as melhores fotos produzidas ao longo da minha carreira.

No projeto Life by Lufe, visito pessoas que decoram suas casas a partir de memórias afetivas, que fogem de padrões e tendências, que são autênticas e únicas em sua forma de morar.

Criar um livro sobre esse material significa mais do que apenas reunir fotografias. Trata-se de contar histórias de vida reais, de mostrar casas com alma, de revelar inspirações que nos ajudam a nos encontrar em nossas próprias casas.

Então, comecei a desenhar esse livro.

Os custos eram bem altos, e finalmente entendi por que tantos fotógrafos ficavam somente no plano das ideias, sem nunca de fato publicarem seus livros.

De início, tentei fazer por meio de uma agência de publicidade para, quem sabe, ter algum patrocínio, mas desisti. Tratava-se de um projeto de arte muito especial.

Então, fui em busca de incentivos culturais, mas acabei desistindo de novo. Não queria seguir esse caminho.

Nessa época, minha carreira como fotógrafo de arquitetura e decoração ia de vento em popa. Como estava vivendo num ritmo corrido, perseguindo objetivos mais imediatos, o livro foi ficando para um futuro sem muita expectativa.

Foi nessa época que comecei a gravar uma série para o meu canal, intitulada Espiral de Mudanças.

Eu sabia que tinha recebido algo muito especial do universo, e seria muito egoísmo não compartilhar essa experiência com você.

Ao me dedicar de corpo e alma ao meu desenvolvimento pessoal, espiritual e, consequentemente, profissional, vivi uma história tão inspiradora e poderosa que decidi contar em vídeo. Assim, quem estivesse passando pelo mesmo momento poderia se encontrar ali.

Mas é claro que isso não foi fácil.

Assim que comecei a gravar e publicar os vídeos, senti minha coragem e felicidade com o projeto estremecerem.

Se eu havia começado cheio de garra, ao escutar as opiniões dos meus amigos mais próximos, fiquei desanimado.

Acho que desanimado nem é a palavra certa. Fiquei foi aterrorizado.

As produtoras das revistas para as quais eu trabalhava me diziam que essa história arranharia minha reputação como fotógrafo.

Um grande amigo, que considero muito, veio até a minha casa me dizer, olho no olho, que contar a Espiral de Mudanças afundaria minha carreira.

Para quem estava construindo uma carreira, sentir-se ameaçado daquela forma era realmente apavorante.

Mas eu queria entender o que eles estavam tentando me dizer. Por que eu destruiria minha vida profissional ao contar algo que poderia ajudar outras pessoas a se encontrarem?

A resposta foi que eu passaria uma imagem de autoajuda.

Que tudo que construí como fotógrafo seria esquecido e substituído por esse novo status de "guru emocional".

Só que eu não aceitei essa justificativa.

Então, o amigo que havia vindo até a minha casa perguntou:

"Se um dia você lançar um livro sobre a Espiral de Mudanças, para qual prateleira da livraria ele irá?"

Ele sabia que a resposta não era a seção de fotografia.

O assunto realmente se relacionava mais ao desenvolvimento pessoal.

"Você já tem sua resposta", ele continuou. "Como amigo, aconselho que você pare agora com esse tipo de conteúdo, ou vai queimar o seu filme."

Se eu parasse para pensar de forma lógica, acharia que eles tinham razão.

Mas eu não pensava assim.

Agia conduzido por uma luz muito maior, muito mais generosa do que a imagem que tinham criado de mim a partir do meu trabalho.

Ser abençoado com a capacidade de compreender tanto sobre como podemos ser melhores, mais felizes, também me dava a missão de levar isso para outras pessoas. Vinha daí minha necessidade de registro.

Nesse dia, lembro de perguntar a esse amigo – que, ao longo dos anos, sempre vinha à minha casa, deitava no sofá, como se fosse um divã, e me pedia ajuda sobre questões bem parecidas com as que eu tratava nos vídeos da Espiral – o seguinte:

"Por que você acha que posso te ajudar quando você precisa de um ombro amigo, mas que não posso ajudar outras pessoas? Qual a diferença entre você e elas quando se trata de compartilhar boas energias?"

A certeza que eu sentia e a luz que me guiava eram bem mais genuínas do que qualquer status de fotógrafo famoso.

Eu certamente continuaria. Ainda que, enquanto me preparava para gravar os novos episódios, eu chegasse a chorar de medo.

Mas veja bem: sentir medo também pode ser saudável. Pode te levar a reavaliar seus caminhos.

Eu sentia medo, sim. Não queria ser esquecido como fotógrafo, profissão que amo.

Então, eu meditava. Pedia orientação divina e me acalmava para seguir publicando meus vídeos.

Descobri nessa fase que o importante não era deixar de sentir medo, mas saber enfrentá-lo quando fosse preciso.

Chorei por horas e horas quando terminei de gravar o episódio trinta, o último da série. Em partes porque tive a sensação de missão cumprida, porque sentia que aquela história seguiria seus caminhos pela internet até encontrar quem precisasse escutá-la, mas também por saber que insisti em algo maior do que viver de aparências e medos limitantes.

Nessa época, meu canal no YouTube estava bem no começo. Os vídeos em que eu mostrava as casas eram o foco principal, então deixei os da Espiral de Mudanças quase escondidos. Além de não querer desviar a atenção das pautas de decoração, pensei que seria interessante que eles fossem encontrados pelas pessoas certas.

Certa vez, tive que fazer uma viagem a Tiradentes e fui de avião até Belo Horizonte.

Meu irmão foi me buscar no aeroporto com uma namorada recente, a Jojô, que eu ainda não conhecia.

Ela era muito sorridente, simpática e expansiva.

Saímos do aeroporto e fomos almoçar em um bairro bastante arborizado.

Sentamos em uma mesinha gostosa na calçada e ficamos lá, esperando nosso almoço, quando uma mulher jovem passou.

Ao me ver ali, ela gritou:

"Lufe! Você em BH? Não acredito, sou sua fã!"

Fiquei surpreso. Meu canal tinha menos de um ano, e já tinha fãs em Belo Horizonte?

Me levantei, feliz com aquele encontro, e nos abraçamos. Ela falava entusiasmada sobre como amava o canal.

Vendo sua empolgação, quis saber de qual das casas mostradas ela havia gostado mais.

"Que casas?", ela perguntou, sem entender.

Morri de vergonha. Provavelmente ela havia me confundido com alguém.

Tentei contornar perguntando do que ela gostava no canal.

Foi então que ouvi a melhor resposta que poderia sonhar.

"Eu só conheço a série dos vídeos da Espiral de Mudanças. De que casas você está falando?"

Me emocionei verdadeiramente com aquele encontro. Nos abraçamos, tiramos fotos e ela se foi.

Quando voltei para a mesa, o casal estava atônito.

A Jojô, que falava alto e era muito espalhafatosa, gritou:

"Espera aí, esperai aí! Que história é essa de você ter fãs? Quem é você, o que você faz? Me conta tudo!"

Era nosso primeiro encontro.

Não sabíamos nada um do outro.

Falei sobre o que eu fazia com paixão. Disse que era fotógrafo, que tinha um projeto de contar histórias através das casas, que promovia encontros no meu canal etc.

Antes que eu finalizasse, ela me interrompeu com outro grito, dessa vez com a palma da mão aberta, fazendo sinal para esperar.

"Espera! Vou te apresentar uma amiga que vai amar te conhecer. Ela tem uma editora e você precisa lançar um livro sobre esse projeto."

Ela disse "lançar um livro"?

Sim, com todas as letras.

Então ela ligou para a amiga editora, que se apaixonou pelo meu trabalho. Em poucos meses, o livro *Life by Lufe* estava pronto, numa edição muito mais bonita e elegante do que eu poderia imaginar.

Veja bem. Se eu consegui lançar um livro, como sonha fazer todo fotógrafo, consagrando meu trabalho a partir das casas que registrei pelo mundo, tudo isso só aconteceu porque uma seguidora da série Espiral de Mudanças apareceu, despertando o interesse daquela nova amiga.

Uma seguidora que sequer conhecia meu trabalho como fotógrafo de decoração.

Pense.

O mundo dá voltas e te retribui quando você menos espera.

Até hoje me pergunto se aquela mulher que me reconheceu na calçada era real.

Quantas lições e aprendizados essa história desperta em você?

Desconstrução construtiva

Sempre ouvimos falar sobre como devemos nos desenvolver dia após dia. Podemos fazer isso das mais variadas maneiras: estudando por conta própria, cursando uma faculdade, nos tornando especialistas em um assunto, nos aprofundando em pesquisas e teses, inventando algo ou mesmo cuidando da saúde, praticando exercícios, nos alimentando bem etc.

Profissionalmente, associamos essa construção aos degraus que subimos ao longo dos anos. De estagiário a presidente da empresa, de iniciante a mestre, de representante comercial a gerente de vendas, de uma pequena ideia na garagem a uma empresa global.

Posso citar inúmeros exemplos de como nos desenvolvemos ao longo da vida. Se olharmos para trás, veremos nitidamente os caminhos seguidos, as conquistas alcançadas, a forma como experimentamos essa jornada.

Dia desses, observando como a humanidade adota padrões muito similares quando se trata da vida em sociedade, me questionei sobre esse desenvolvimento pessoal e individual.

Será que nos desenvolvemos livre e positivamente ou estamos apenas em busca de atender certas expectativas?

Levamos nossa vida sendo apenas o que esperam de nós?

Na verdade, podemos até superar essa expectativa social e familiar, indo além do que sonhavam para nós. Mesmo assim, muitas vezes acabamos seguindo um caminho padrão.

Analisando meu jeito de ver o mundo, me pergunto se nosso maior desenvolvimento não começaria justamente a partir da desconstrução de tudo isso.

Faz sentido?

Quando temos consciência da infinidade de possibilidades que podemos criar a partir do nosso potencial, não cabe falar de padrões.

Desconstruir-se primeiro para se reconstruir e se desenvolver.

Basta pensarmos como eram as expectativas no passado: casar, constituir família, cuidar da fazenda, da colheita etc.

Na geração seguinte, alguns padrões continuaram parecidos, mas outros já se inseriam na vida urbana. Assim, o objetivo de muitos passou a ser conseguir um emprego, ter a carteira assinada, garantir a aposentadoria e a casa própria.

Em todas essas gerações, houve aqueles que foram além.

Aqueles que, identificando o padrão, decidiram se desconstruir. Assumiram o risco de serem vistos como diferentes, e exatamente por isso construíram algo mais sólido para se orgulhar.

É que não basta ter o emprego mais desejado, a casa mais linda, os objetos mais caros ou as férias mais incríveis se tudo foi feito para impressionar os outros, se não é o que você verdadeiramente deseja.

Somos diferentes, temos "superpoderes" individuais.

Quando desconstruímos essa caixa na qual nos forçam a entrar, nossa luz interna passa a iluminar todos os cantos, apontando o caminho que devemos seguir.

Isso só acontece quando você rompe os muros dessas falsas construções que te impedem de voar mais longe.

Vai por mim. Desconstruir-se é o novo construir-se.

49. Casa-terapia

O mundo mudou. Isso é algo que não dá para negar. Enquanto escrevo este texto, vivemos uma pandemia mundial em que nos vemos obrigados a nos encarar 24 horas por dia dentro de nossas casas.

Se moramos sozinhos, provavelmente há um grande espelho nos cercando por todos os lados.

Se estamos em família, é possível descobrir a força que nos une, os vãos que nos separam, as emoções que nos fortalecem.

Essa é uma situação única na história da humanidade. Independe da cultura, do clima, das condições econômicas.

Estamos, tais quais crianças levadas, de castigo dentro de casa.

E, assim como absorvemos inúmeros aprendizados quando crianças, esse afastamento brusco da cultura descontrolada do consumo também traz pautas para pensarmos.

Estamos aqui para entender quem fomos, como estamos e de que forma queremos ser daqui para a frente.

Sempre ouvimos os sábios dizerem para ficarmos atentos nos momentos difíceis, pois, além da escuridão aparente, há sempre pontos de luz para conduzir os que conseguirem enxergar.

Nessa experiência comum que estamos vivendo em âmbito mundial, nossa casa talvez seja o local que mais nos aproxima de outros povos. Então, esse é um assunto importante para nos atentarmos agora.

Dia desses, em uma das visitas ao vivo que promovo no meu canal, conversei com um brasileiro que mora na Alemanha. Enquanto o entrevistava, percebia claramente sua paixão por cada cantinho da casa, por cada detalhe ali dentro. Quando eu perguntava sobre algo, ele sempre contava com entusiasmo sobre a origem daquela memória afetiva.

Me reconheci nele, assim como acontece com a maioria das pessoas que abrem suas casas para o canal. Todas têm uma forte identificação com os lugares que habitam.

Assim que terminamos de gravar, confessei me sentir um pouco culpado por estar feliz durante esses dias intermináveis dentro de casa, obedecendo às regras de isolamento social.

Como eu poderia estar tão à vontade vivendo sozinho em um espaço tão pequeno, sem sequer sair para o elevador? Era quase uma ofensa me sentir bem estando preso em casa.

Mas isso tem um porquê, e é um chamado de alerta.

Penso que as pessoas que sempre se identificaram com suas casas, que se dedicaram a se reconhecer nos detalhes, a se colocar em cada canto, não se sentem sozinhas. Afinal, estão cercadas de vivências, de abraços, de objetos tão cheios de significado que de fato aquecem seus corações.

Sabe o que é isso? Um lar.

O lar é o lugar onde nos encontramos em nosso íntimo. Onde nos sentimos pertencentes, onde nos identificamos com nossa trajetória. Quando isso é alcançado, o ambiente se torna um grande companheiro, um espaço de terapia constante.

Já para quem decora simplesmente para seguir tendências, compra objetos sem significado e usa técnicas de design para impressionar as visitas, as dificuldades de se enxergar verdadeiramente ali dentro se tornam maiores.

Existem, também, aquelas pessoas que nunca se importaram com a casa.

Esse momento está nos ensinando tanto.

Se pararmos para observar em silêncio o que cada dia dentro de casa nos mostra, vamos perceber que estamos todos em terapia.

Se me permite sugerir uma ideia, vou compartilhar aqui o meu próprio aprendizado.

Enxergue-se nos detalhes do lugar onde você vive. Sinta-se abraçado por cada escolha. Nossa casa pode ser o refúgio de que precisamos para passar por essa experiência de evolução humana.

Nossa casa é o nosso templo sagrado. Lembre-se sempre disso.

Naquele momento, eu estava lá

Em um dos momentos mais inesquecíveis da minha vida, eu senti tanta luz e tanto amor que minha única vontade era a de compartilhar aquele sentimento com todo mundo.

Foi o dia da minha primeira exposição fotográfica.

Além de ser um acontecimento marcante por si só, o fato de ter sido em Londres fez dessa experiência algo ainda mais forte e único.

Eram retratos simples, mas muito genuínos, de mulheres brasileiras vivendo bons momentos na capital inglesa.

Lembro de passar pela galeria e de ver as fotos expostas ali, me encarando com amor, esperança e vida. Era um grande despertar para a maneira como eu enxergava as pessoas ao meu redor.

Na parede, adesivada de ponta a ponta, uma frase dizia:
"Que essa energia se espalhe e contagie multidões."

Nessa exposição, eu instigava as pessoas a enxergarem além do que os olhos podem ver.

Cada foto continha um mundo de histórias, de vivências, de sentimentos, de possibilidades.

Hoje, anos depois desse acontecimento, ainda sou apaixonado por aquele trabalho.

São fotos imperfeitas tecnicamente, cenas simples se considerarmos a grandeza de uma exposição, mas uma coisa se manteve fiel à ideia original: elas revelam algo que vai muito além das percepções mundanas.

Quando eu estava fotografando, criei uma conexão tão pura e verdadeira com cada uma daquelas mulheres que os registros deixaram de ser simples retratos.

Haviam se tornado algo mais.

Não havia produção. Nada de cabeleireiros, maquiadores, estilistas. Passávamos um tempo juntos e pronto, a foto saía.

Era aquilo que eu buscava. Simplesmente ser. E elas, simplesmente sendo elas, eram tudo que eu queria mostrar.

Não se tratava exatamente do resultado do meu trabalho, mas da percepção de que somos melhores quando estamos juntos, sem máscaras. Um convite para deixar de lado os estereótipos que querem nos impor, que limitam nossa capacidade de enxergar além.

Fotografei mulheres brasileiras que, sendo apenas elas, eram exemplos positivos da vida em Londres.

Não era sobre conquistas financeiras ou histórias de sucesso. Eu queria chamar a atenção para algo muito mais sutil.

Olhando para tudo que faço hoje, reconheço a coerência que vem desse primeiro trabalho que abriu as portas para minha carreira de fotógrafo.

Sempre quebrando visões limitadas.

No dia seguinte à exposição, fui convidado a dar uma entrevista para um importante jornal.

Consegue imaginar minha satisfação, minha alegria com esse reconhecimento?

Eu e a jornalista nos encontramos na galeria. Ela caminhava entre as fotos observando-as cuidadosamente, lendo sobre cada sentimento que procurei destacar em minhas personagens, atenta a cada emoção despertada.

Então, com uma expressão muito séria, ela se aproximou e disse: "Não gostei". Assim. Sem meias-palavras.

Eu não esperava por aquilo e quis entender seu ponto de vista. Segundo ela, eu havia mentido nas fotos.

Mentido? Como assim?

Ela me disse, no auge de sua visão presa a estereótipos, que aquelas mulheres não representavam as brasileiras em Londres. Que elas estavam muito sorridentes, muito felizes, enquanto a realidade do dia a dia era bem mais dura.

Segundo a jornalista, as brasileiras acordavam cedo, enfrentavam horas no transporte público e em trabalhos árduos para sobreviver e tentar mandar algum dinheiro para casa. Para ela, então, eu havia mentido na exposição.

Fiquei olhando para aquela mulher com seus grandes óculos vermelhos, tentando compreender como as pessoas conseguem se enraizar tão fortemente em um lugar que as impede de sair para ver algo tão simples e poderoso.

A partir daquelas observações, me senti ainda mais certo quanto ao caminho que precisava trilhar. Hoje, acredito que essa entrevista me fortaleceu para ser quem sou.

Mas naquele dia, depois de me recuperar do susto, contei sobre o que se tratava aquilo que ela não conseguia captar.

Expliquei que minha intenção, já partindo do nome, "Energia que os olhos não podem ver", era quebrar visões limitantes. Que meu olhar fotográfico buscava mostrar uma luz que existe e que brilha, mas que tantas vezes deixamos escondida, apagada.

De tantas histórias, quis que ela entendesse um exemplo genérico que representava não só aquelas brasileiras, mas qualquer um de nós.

"Imagine uma dessas mulheres", comecei, "acordando cedo em um dia cinza e chuvoso em Londres. Faz um frio de lascar e ela precisa sair toda embrulhada em casacos, subir a ladeira da rua, esperar o ônibus. Suas mãos estão quase congelando. Depois do ônibus, ela ainda precisa pegar o metrô e fazer duas ou três baldeações até finalmente chegar ao trabalho. Ainda não amanheceu, pois ela precisa limpar os escritórios antes de os executivos chegarem, por volta das nove da manhã.

"Para economizar e juntar o pouco dinheiro que ganha, ela almoça um sanduíche. Faz outros trabalhos durante o dia e, no fim da tarde, voltando para a casa que divide com mais quatro ou cinco pessoas, para em um pequeno armazém, onde encontra um pacote de feijão. Ela volta para casa no frio, que aperta com o cair da noite.

"Ao chegar, tira as botas úmidas, pendura os casacos e vai para a cozinha. Ela prepara o feijão e se lembra dos momentos felizes que viveu no seu país, com as pessoas que ama.

"Quando a comida fica pronta, sua colega de quarto lhe faz companhia durante o jantar. Sentadas ali, à mesa, elas falam sobre o dia e conversam sobre assuntos variados. Algo tão leve, tão simples, mas que aqueceu seu coração e a fez lembrar da melhor versão de si mesma.

"Foi nesse momento que eu estava lá. O clique foi desse sorriso. Foi essa a verdade que eu quis contar.

"A exposição é sobre essa pequena fresta de luz que não pode se apagar. Ainda acha que eu menti, ou é você que precisa enxergar diferentes verdades?"

Este livro foi composto com tipografia Adobe Garamond e impresso em papel Off-White 80 g/m² na Formato Artes Gráficas.